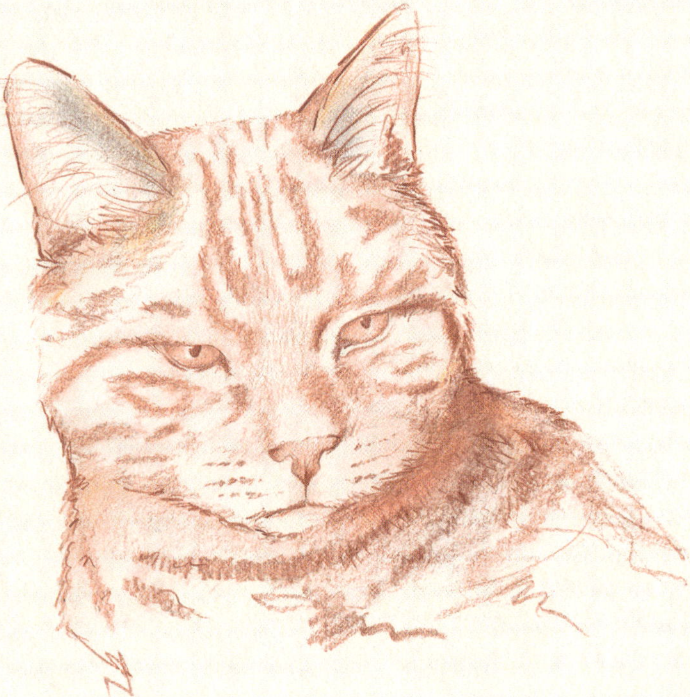

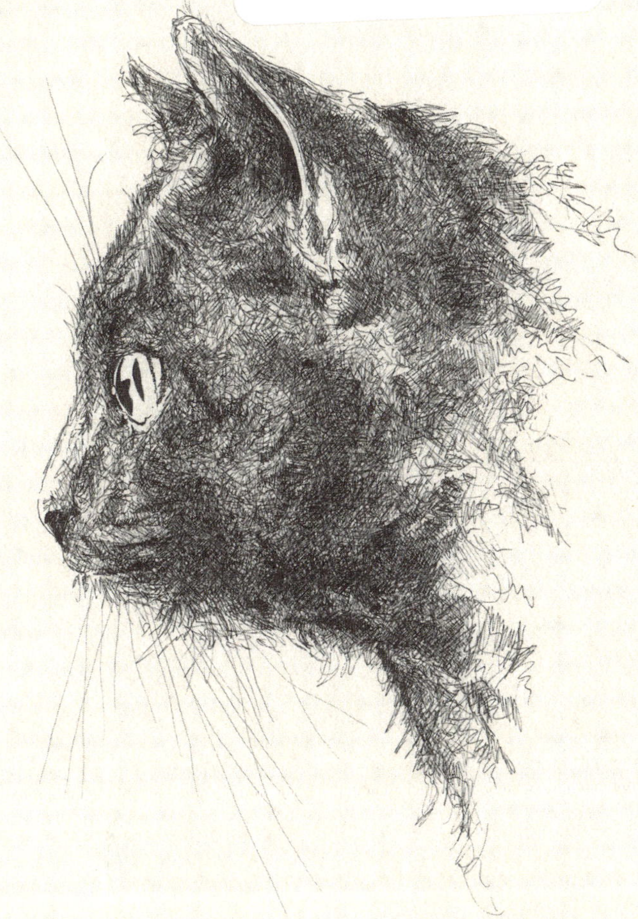

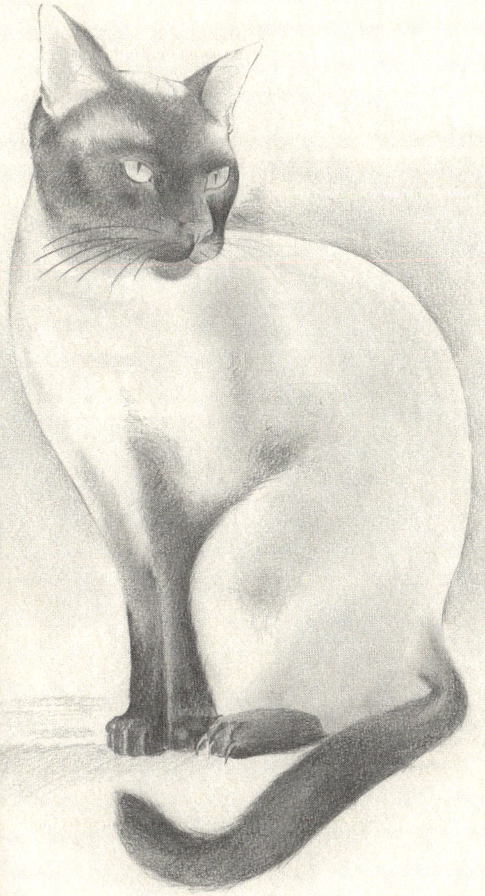

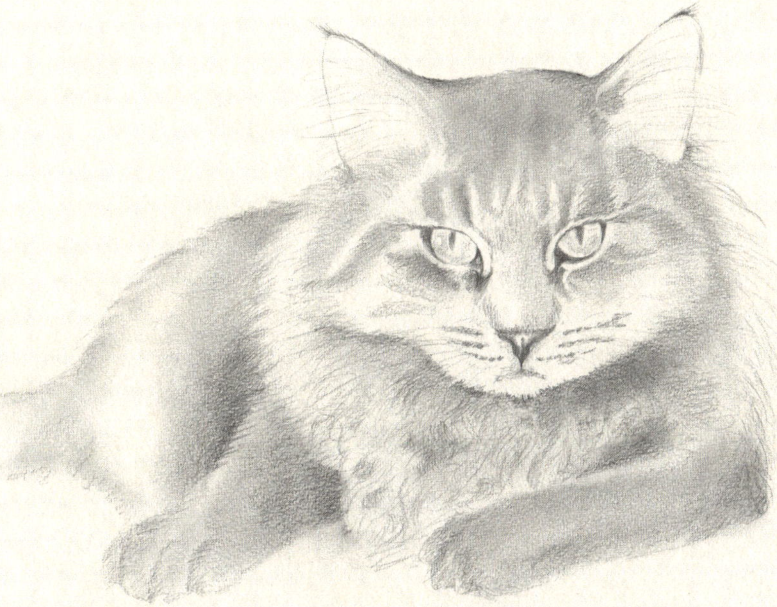

Katzen!

Das Zeichenbuch

Anja Dahl

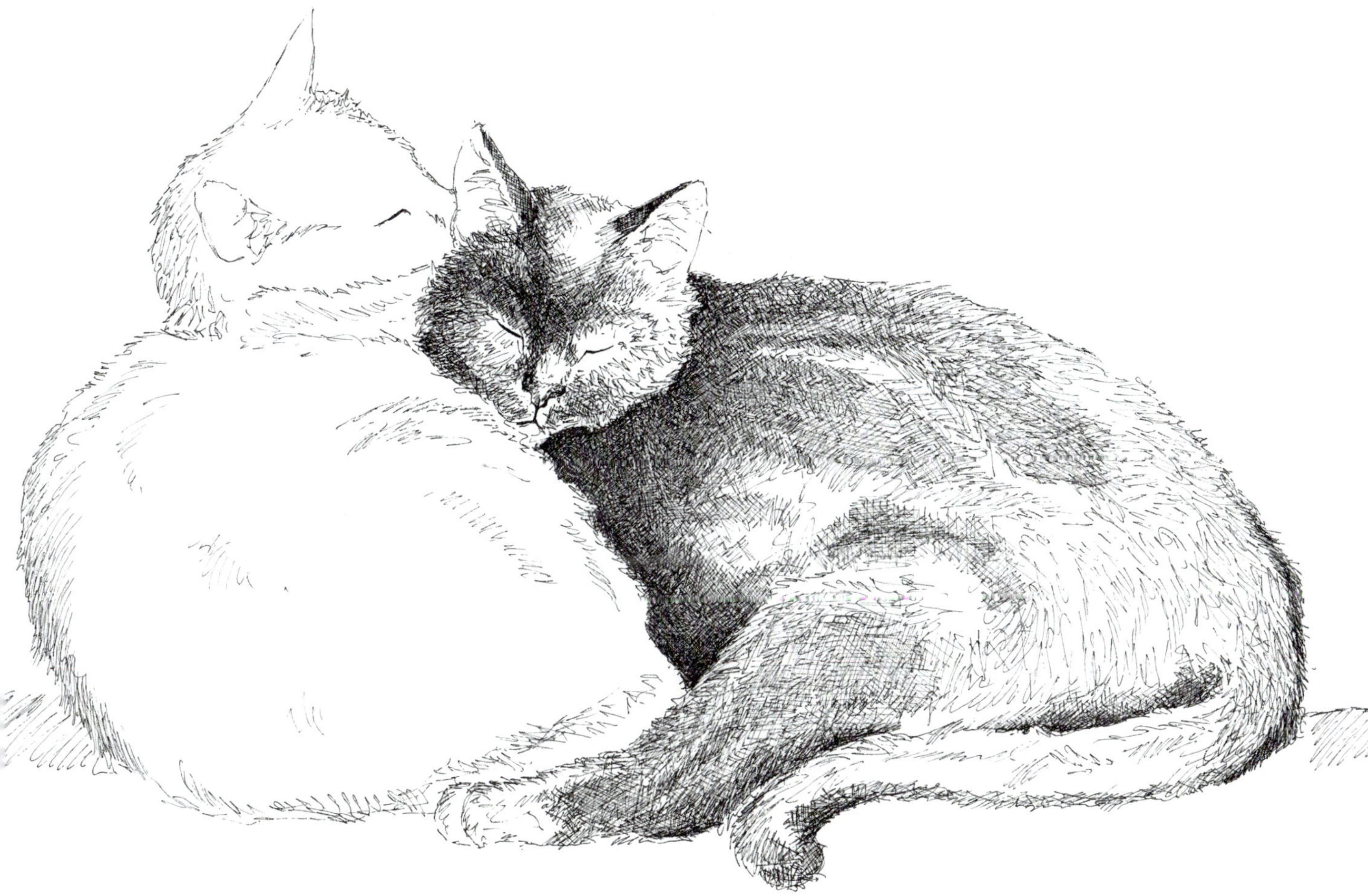

Katzen!

Das Zeichenbuch

CV

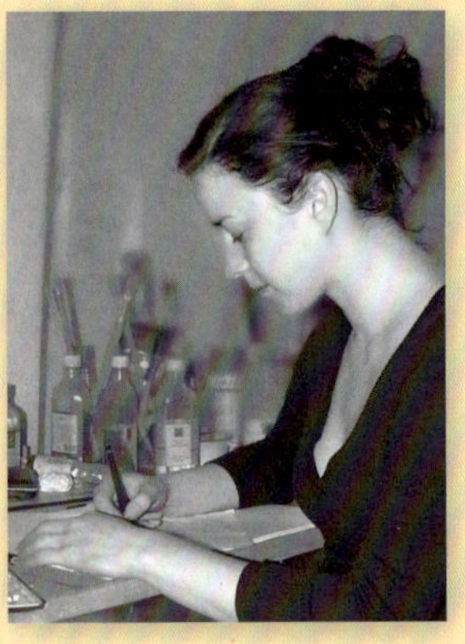

Anja Dahl ist freischaffende Künstlerin im Bereich Malerei und Bildhauerei. Sie ist als Grafikerin, Karikaturistin und Illustratorin in den verschiedensten Bereichen tätig. Ihre Illustrationen finden sich sowohl in wissenschaftlicher Literatur und Fachmagazinen als auch in Kinderbüchern wieder. Mit ihren vielseitigen Arbeiten unterstützt sie Naturschutzvereine in ganz Europa.

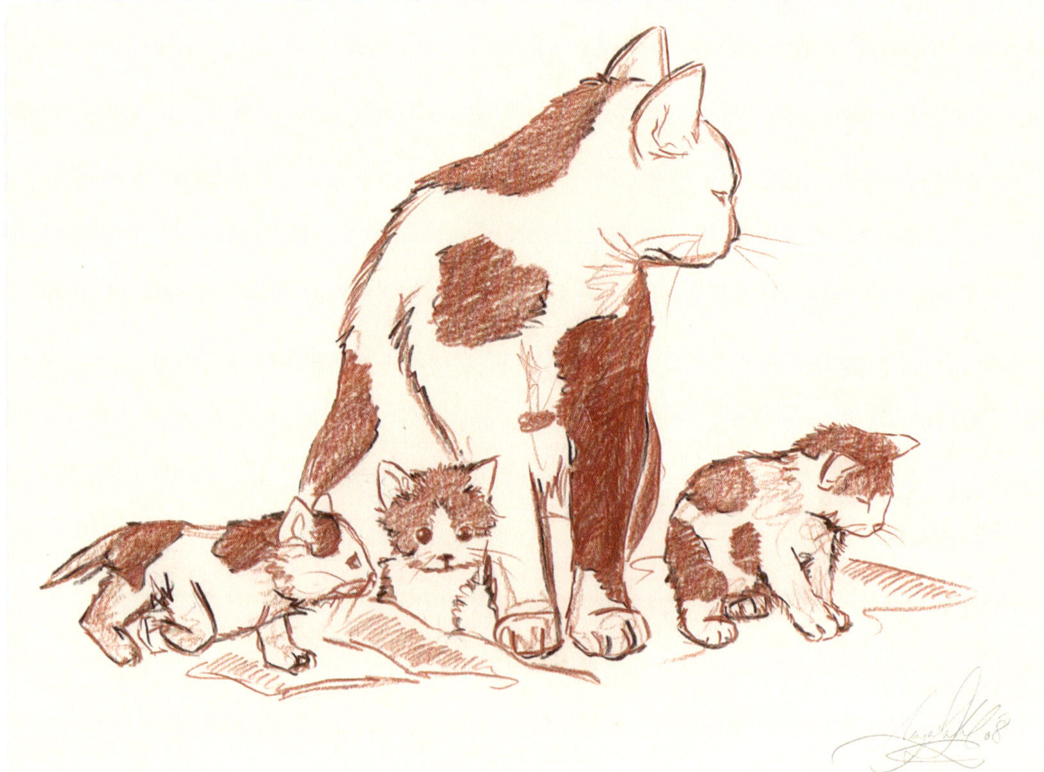

Autorin: Anja Dahl

Projektmanagement: Tina Bungeroth
Layout und Litho: Achim Ferger
Druck und Verarbeitung: Neografia, Slowakei

ISBN 978-3-86230-353-3
Art.-Nr. 30353

Abbildungsnachweis: S. 9: akg-images, Berlin; S. 54: H. Dahl; S. 29: S. Fritzler; S. 11, S. 36: © andrea, www.photocase.com, Bild-Nr. 98982; 46: © andybahn, www.photocase.com, Bild-Nr. 87123; S. 12: © carlitos, www.photocase.com, Bild-Nr. 57196; S. 6: © cw-design, www.photocase.com, Bild-Nr. 100118; S. 66: © Gano10, www.photocase.com, Bild-Nr. 132780; S. 58: © kimako, www.photocase.com, Bild-Nr. 87727; S. 13, S. 62, 64: © lp-webdesign.de, www.photocase.com, Bild-Nr. 136272; S. 44, 57: © lube, www.photocase.com, Bild-Nr. 122419; S. 70: © mamboben, www.photocase.com, Bild-Nr. 42950; S. 52: © Schneggo, www.photocase.com, Bild-Nr. 127028; S. 20: © Sisk4, www.photocase.com, Bild-Nr. 116648; S. 15: © SitePoint, www.photocase.com, Bild-Nr. 127505; S. 19: © trepavica, www.photocase.com, Bild-Nr. 124793; S. 48–51 : © womanticker, www.photocase.com, Bild-Nr. 28387; S. 30: F. Schuppelius; S. 41, 60, 61, 68: B. Sopp; S. 18, 24: B. Waldschmidt;

Besuchen Sie uns auf unserer Website: www.christophorus-verlag.de

Inhaltsverzeichnis

Vorwort 6

Die Katze in der Kunst – eine kurze Einführung 8

Katzen! 10

Die Anatomie der Katze 10

Der Knochenaufbau 10

Die Muskulatur 10

Die Kopfform 10

Die Ohren 11

Die Augen 12

Die Nase 13

Das Maul und das Kinn 14

Die Barthaare 14

Der Körper 16

Die Pfoten 18

Die Beine 19

Das Fell - Muster und Farbe 20

Übung in Schrittfolge: Fellfarbe und Fellstruktur am Beispiel einer Bengalkatze . 26

Bewegungsstudien 28

Zeichentechnik und Bildaufteilung 34

Die Zeichentechniken 34

Übungsbild: Weiße Katze in Negativtechnik 38

Die Bildreduktion in Formen und Flächen 40

Das Rasterprinzip.................... 41

Lebendige Katzenzeichnungen 44

Übungsbild in Schrittfolge: Weiße Katze 44

Übungsbild in Schrittfolge: Katze mit Jungtieren 46

Übungsbild in Schrittfolge: Schlafende Katzen 48

Übungsbild in Schrittfolge: Getigerte Katze 52

Übungsbild in Schrittfolge: Schwarzer Kater 54

Darstellung verschiedener Rassen 56

Kurzer Überblick über typische Rassemerkmale einiger Katzenrassen ... 56

Übungsbild in Schrittfolge: Siamkatze 58

Übungsbild in Schrittfolge: Waldkatze .. 60

Übungsbild in Schrittfolge: Europäische Kurzhaar 1 62

Übungsbild in Schrittfolge: Europäische Kurzhaar 2 66

Übungsbild in Schrittfolge: Russisch Blau 68

Übungsbild in Schrittfolge: Norwegische Waldkatze 70

Bengalkatze, Rückenansicht........... 74

Übungsbild in Schrittfolge: Junge Bengalkatze 76

Übungsbild in Schrittfolge: Maine Coon . 78

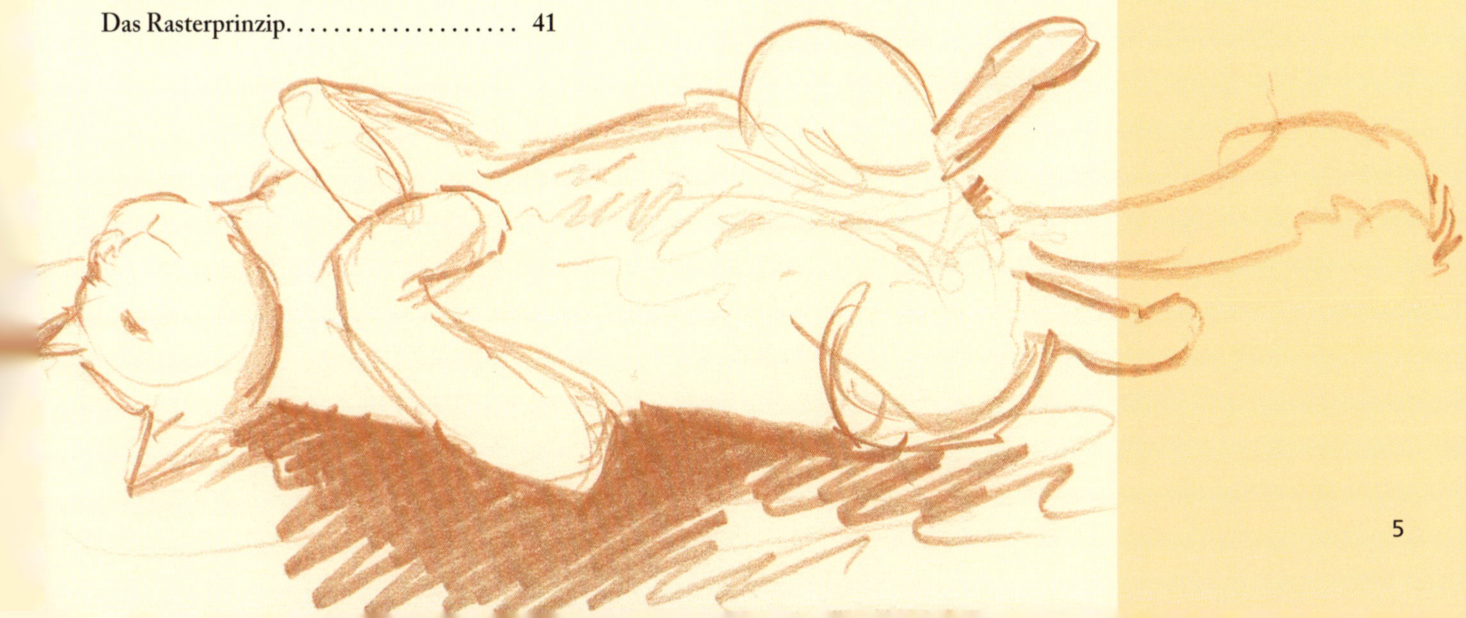

Vorwort

„Auch das kleinste Katzentier ist ein Meisterstück", hat Leonardo da Vinci richtig erkannt. Mit all ihren Raffinessen und einem solch edlen Wesen ist es für einen Künstler indes nicht einfach, die Katze im Bild festzuhalten.

Das geheimnisvolle Wesen der Katze hat seit jeher Dichter, Denker, aber vor allem Künstler inspiriert. Was den Zauber der Katze ausmacht, ist dabei schwer in Worte zu fassen, aber ihr Erscheinungsbild berührt uns immer noch genauso stark wie vor Hunderten von Jahren. In zahlreichen Werken großer Künstler und Schriftsteller haben sich diese sanften, mystischen Samtpfoten eingeschlichen.

So hat die Katze des Schriftstellers Charles Dickens auf sich aufmerksam gemacht, indem sie die Kerze, die er sich zum Lesen angezündet hatte, mit der Pfote ausschlug, um Streicheleinheiten zu ergattern. Und Pablo Picasso fand, dass die Katzen die rücksichtsvollsten und aufmerksamsten Gesellschafter sind, die man sich wünschen kann.

Einen Ehrenplatz hat die Figur der Katze in etlichen Werken der Weltliteratur erhalten: Homer und Ovid, Dante Alighieri und Goethe, E. T. A. Hoffmann, Charles Baudelaire, Oscar Wilde, Edgar Allan Poe und Lewis Carroll, um nur einige Schriftsteller zu nennen, die der Figur der Katze ein schriftstellerisches Denkmal setzten. So befand der Dichter Rainer Maria Rilke: *„Das Leben und eine Katze dazu, das ergibt eine unglaubliche Summe, ich schwör's euch"*, und dokumentierte damit, dass auch er in diesen kleinen

Die Katze tastet die Welt mit ihren Pfoten ab.

Jules Renard

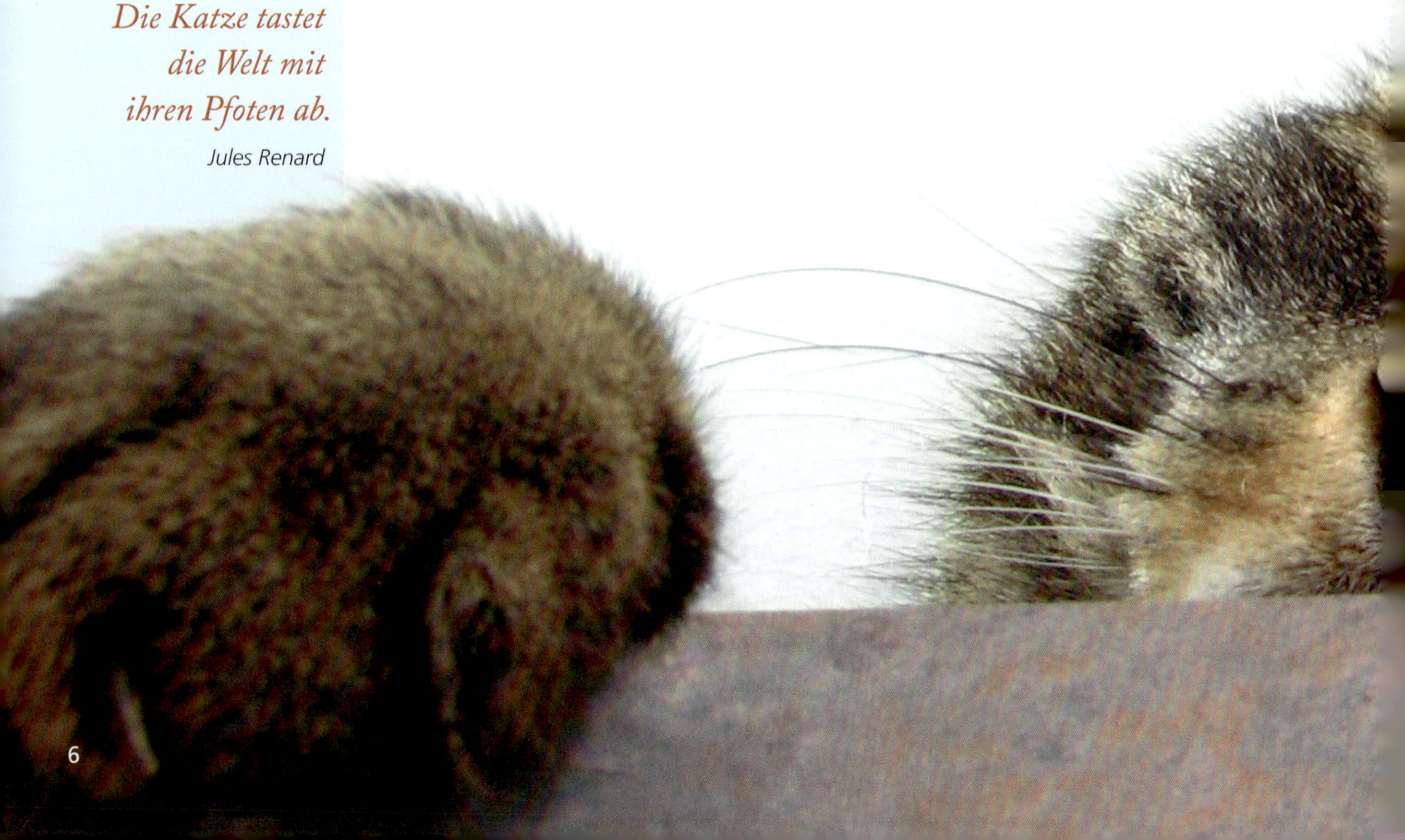

Geschöpfen eine Muse fand. Und wer könnte Hollys namenlose Katze in Truman Capotes berühmtem Werk *„Frühstück bei Tiffany“* je vergessen, jenen „Kater“, der ihr zugelaufen ist und der eine Zeitlang ihr turbulentes Leben teilt. Sie gibt ihm keinen Namen, weil sie findet, er gehöre nicht zu ihr, und in der Schlussszene des gleichnamigen Films steht uns allen der tropfnasse rote Kater lebhaft vor Augen.

Den Reiz der Katzen zeichnerisch festzuhalten, war denn auch mein Anliegen in diesem Workshop. Das Buch zeigt einen fassettenreichen Einblick in das Erscheinungsbild dieser wunderschönen Tiere und vermittelt anschaulich, mit welchen Techniken man sich diesen Geschöpfen musisch nähern kann. Lassen Sie sich inspirieren – vielleicht steht Ihnen als Modell der eigene Haustiger zur Verfügung. Fertigen Sie Bewegungsstudien und hilfreiche Übungsbilder an, die Sie Schritt für Schritt an die Faszination KATZE heranführen.

Viel Spaß und Erfolg beim Zeichnen wünscht Ihnen

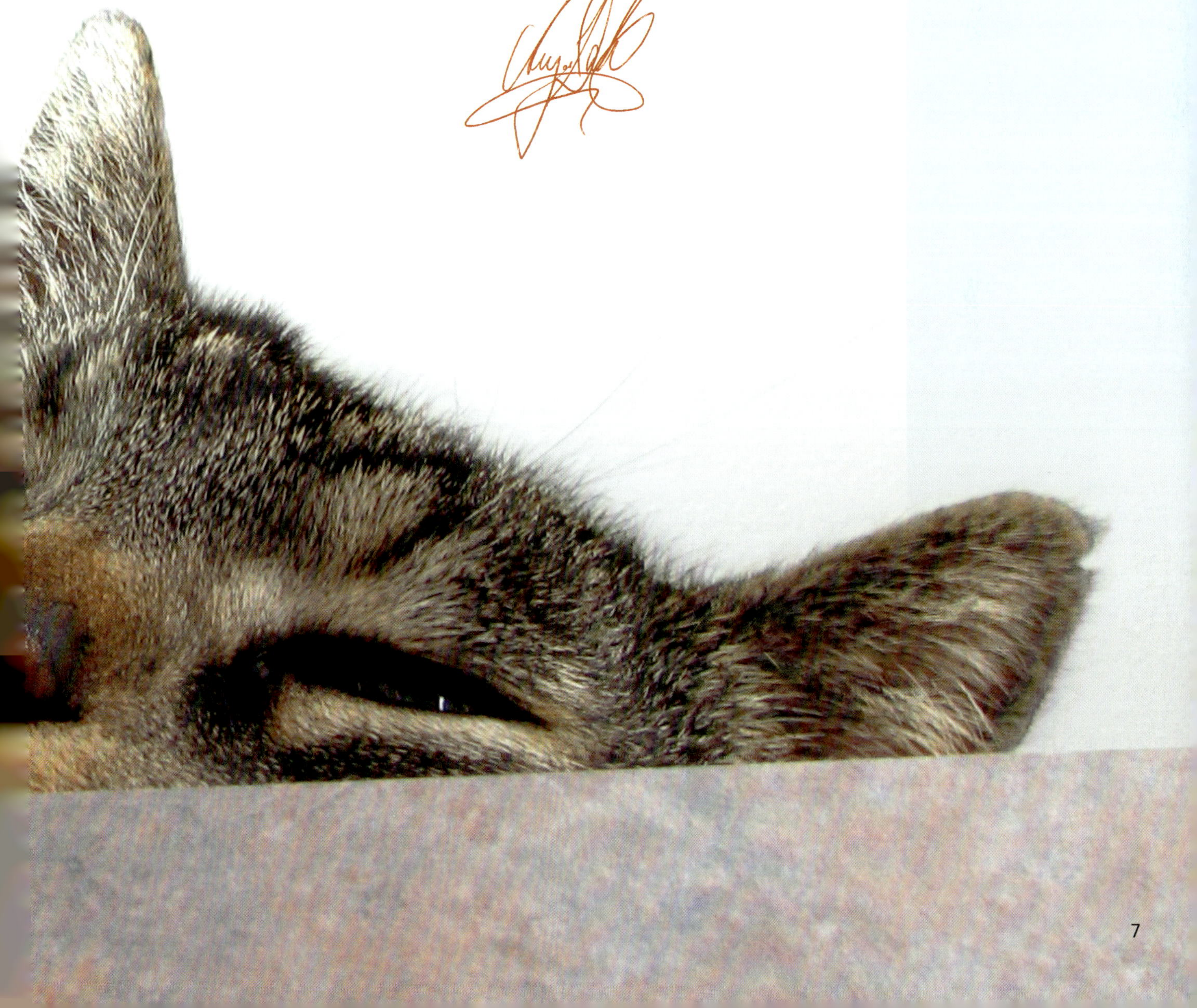

Die Katze in der Kunst – eine kurze Einführung

Die Figur der Katze fand als Motiv schon früh Eingang in die bildende Kunst und inspirierte den Menschen zu den verschiedensten Kunstwerken. Im alten Ägypten, wo sie als Katzengottheit Bastet verehrt wurde, zeugen zahlreiche Statuen von der frühen Faszination der Katze, die als domestiziertes, aber dennoch unabhängig bleibendes Haustier immer eine Sonderrolle im menschlichen Haushalt einnahm und die Gefühlswelt der Menschen im positiven wie im negativen Sinne stets im besonderen Maße ansprach. Auch in anderen Kulturkreisen fand die Katzenfigur entsprechende Resonanz: So stellen Wandzeichnungen der Maya in Südamerika tanzende Jaguarmenschen dar, und in Skandinavien fuhr Freyja, die Göttin der Liebe und Schönheit, in einem von zwei Katzen gezogenen Wagen.

Die Gestalt des Löwen, häufig auch als Sphinx (Löwenfigur mit menschlichem Körper) dargestellt, stand nicht nur in Ägypten als Sinnbild für Stärke und Herrschaft. So finden sich im British Museum in London zahlreiche assyrische Exponate, die die Löwenfigur als Machtsymbol eindrucksvoll vor Augen führen. Auch in der westlichen Welt fand die Großkatze als Zeichen herrschaftlicher Stärke Eingang – die geflügelten Markuslöwen etwa zieren als Wahrzeichen das Arsenal von Venedig und als Wappentier das Wappen der Stadt.

Aberglaube, Furcht und Unwissenheit bildeten im Mittelalter in Europa dann aber den idealen Nährboden für Hexenwahn und Hexenverfolgung, und damit auch für die Katzenverfolgung. Als Verkörperung Luzifers in Gestalt einer schwarzen Katze beschreibt sogar eine päpstliche Bulle die Natur der Katze. So darf es auch nicht verwundern, dass es im Mittelalter wenig Abbildungen mit Katzen gibt.

Erst in der Renaissance gesteht man der Katze neben ihrer geheimnisvoll-dämonischen Wesensart auch wieder andere Seiten zu. Leonardo da Vinci widmete der Katze zahlreiche Studienblätter, welche das Tier in den verschiedensten Bewegungsstudien lebensnah wiedergeben. Mit seiner „*Vergine del gatto*“, der Jungfrau mit Katze, räumte da Vinci der Katze sogar einen ganz besonderen Stellenwert neben dem Christuskind ein. Pieter Brueghel der Ältere malte die Katze ebenso wie auch Albrecht Dürer, der sich der Anziehungskraft dieses Tieres nicht entziehen konnte – etwa um 1500 schuf Dürer zum Beispiel den Holzschnitt „*Geflügelter Löwe*“.

Vor allem seit dem Ende des 18. Jahrhunderts, im Zeitalter einer zunehmend durch die Frühindustrialisierung geprägten Kulturlandschaft, erfährt die freiheitsliebende und ungebändigte Natur der Katze in der Kunst besondere Aufmerksamkeit. Literatur wie Bildende Kunst der Aufklärung sehen in ihr einen Sympathieträger des zunehmend städtisch geprägten Bürgertums, welches sich der Natur entfremdet hat. Mit der Unabhängigkeit, die sie sich zu bewahren weiß, wird die Katze auch zum Sinnbild menschlicher Sehnsüchte. Die Romantik betonte dann gerade das Geheimnisvolle und die übernatürlich-spirituelle Wesenart.

Im 19. und 20. Jahrhundert widmet sich eine Vielzahl von Künstlern dem Motiv der Katze. So findet sie sich im Werk zahlreicher Impressionisten wieder: Pierre Auguste Renoir wählte mehrfach die Motivkombination Frau und Katze, so etwa in seinen Gemälden *„Frau mit Katze"* und *„Portrait der Mademoiselle Julie Manet mit Katze"*. Andere Impressionisten, wie Pierre Bonnard und Lovis Corinth, wählten gleichfalls die Verbundenheit von Mensch und Katze zum Thema ihrer Darstellung. Die Expressionisten teilten diese Vorliebe durchaus – Franz Marc sei hier ebenso genannt wie Ernst Ludwig Kirchner und Max Pechstein. In der Kunst des 20. Jahrhunderts findet die Katze dann in den Werken Max Beckmanns ebenso Eingang wie in den Skizzen Paul Klees. Letzterer schrieb seinen Katzen sogar Briefe und widmete ihnen Bilder. Als Katzenliebhaber offenbarte sich auch Pablo Picasso; sein Bild *„Dora Maar mit Katze"* gilt als eines der teuersten Kunstwerke der Welt.

Neben diesen Werken der Bildenden Kunst findet sich die Gestalt der Katze aber auch in zahlreichen Comics und Zeichentrickfilmen wieder.

Dieser kurze Abriss zum Thema Katzen und Kunst mag indessen verdeutlichen, wie weit der Bogen hier gespannt werden kann und wie sehr das Wesen der Katze die Künstler zu allen Zeiten inspiriert und angeregt hat.

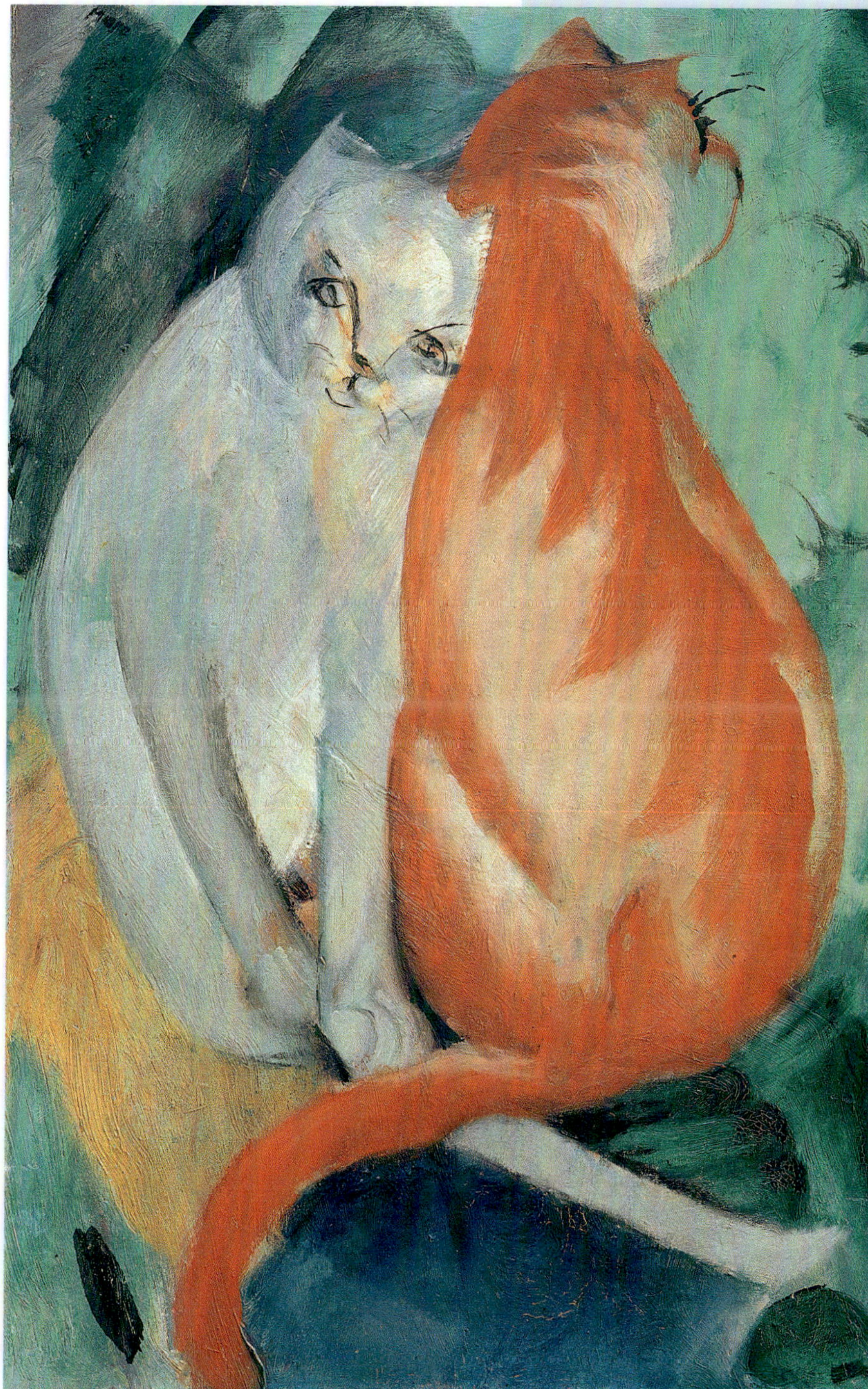

„Katzen, rot und weiß", Franz Marc (1880–1916), 1912. Öl auf Leinwand, 52 x 35 cm. Hamburg, Dr. Rainer Horstmann, Kunsthandel.

Katzen!

Die Anatomie der Katze

Der Knochenaufbau

Die anmutigen Bewegungen, die eine Katze ausmachen, sind zurückzuführen auf ihr äußerst bewegliches Skelett. Der Knochenbau einer Katze ist ausgelegt auf eine Vielzahl athletischer Bewegungsabläufe, die für diesen präzisen Jäger in der Natur unabdingbar sind. Das grazile Wesen der Katze spiegelt sich nicht zuletzt in der Körpersprache wider und wird im zarten Knochenaufbau und der feingliedrigen Muskulatur fortgeführt.

Besondere Aufmerksamkeit sollte der Fußstellung zuteil werden: Eine Katze läuft, wenn man nach dem Knochenaufbau geht, auf ihren Zehen. Auffällig sind auch die langen, hinteren Beinglieder, die bei einem Sprung die entscheidende Kraft für bemerkenswerte Entfernungen gewährleisten. Der Schwanz besteht aus einer Vielzahl kleiner Knochen, die seine geschmeidige Beweglichkeit ermöglichen. Der Schädel einer Katze ist im Gegensatz zu den Schädelformen anderer Säugetiere eher rund und unscheinbar.

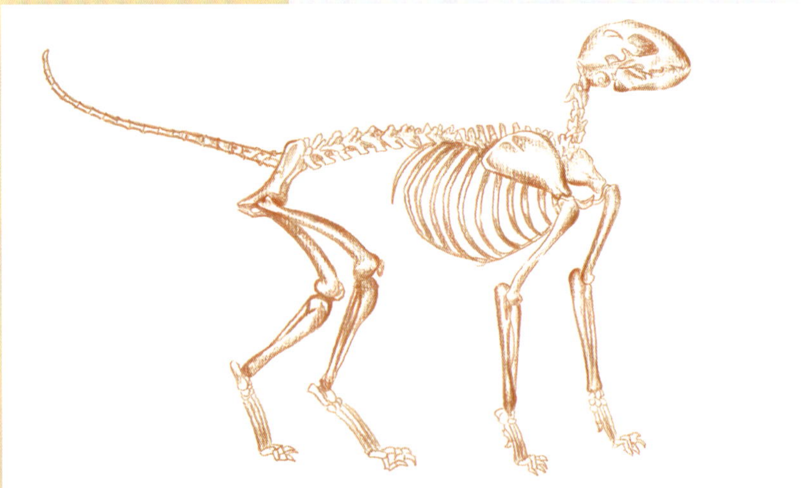

Katzen laufen im Gegensatz zu uns Menschen auf ihren Zehen.

Die Muskulatur

Beim Zeichnen einer Katze mag die Muskulatur auf den ersten Blick eine nicht ganz so große Rolle spielen wie bei der grafischen Umsetzung eines Pferdes, da das flauschige Fell und die dehnbare Haut viele Körperkonturen umspielen und verdecken. Dennoch ist es wichtig, sich diverser Muskelpartien bewusst zu sein, um ihre Auswirkung auf das gesamte Erscheinungsbild bei einer Zeichnung mit einbeziehen zu können. Die Oberschenkel sind für den Betrachter am deutlichsten sichtbar, auch die Schultern tragen kleine Muskelpakete, die sich vor allem beim Laufen und Springen zeigen.

Die Kopfform

Im Profil unterscheidet sich die Form von Katzenköpfen, je nach Rasse, sehr stark. Die Siam-, die europäische Kurzhaar- und die Perserkatze weisen im Vergleich ganz deutliche Unterschiede auf. Die Siamkatze besitzt von allen drei Katzenarten die längste Schnauze und einen relativ flachen Kopf, die europäische Kurzhaarkatze hingegen ist von ihren Proportionen eindeutig ausgeglichener. Perserkatzen haben eine eher flache

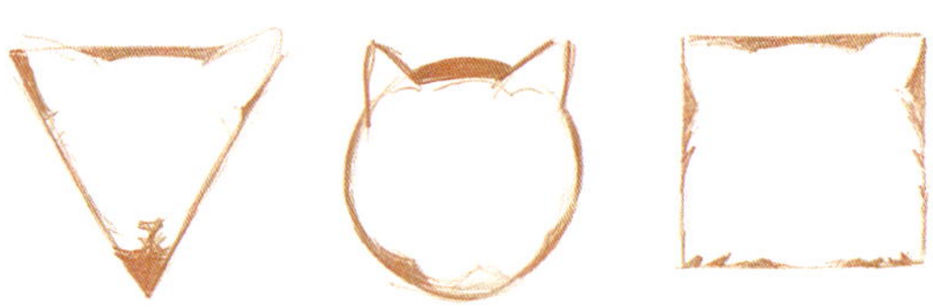

Dreieckige (Siam), runde (Europäisch Kurzhaar oder Kartäuser) und quadratische Kopfform (Perser)

und teilweise sogar leicht nach innen gewölbte Gesichtskontur; die Rasse besitzt eine kleine Stupsnase und stark ausgeprägte Wangenpartien. So kann je nach Rasse, Größe und Gewicht der Katze die Kopfform in der Frontalansicht rund, dreieckig oder sogar quadratisch erscheinen. Ein schönes Beispiel von sich deutlich unterscheidenden Kopfformen kann man auch innerhalb einer Rasse bei den unterschiedlichen Entwicklungsstufen feststellen. Das Gesicht eines Katzenjungen verändert sich im Laufe des Wachstums stetig. Das zuerst rundliche Gesicht wandelt sich im laufe der ersten Monate zu einer dreieckigen Form. Erst wenn das Tier ausgewachsen ist, nimmt es rassenspezifische Kopfformen an.

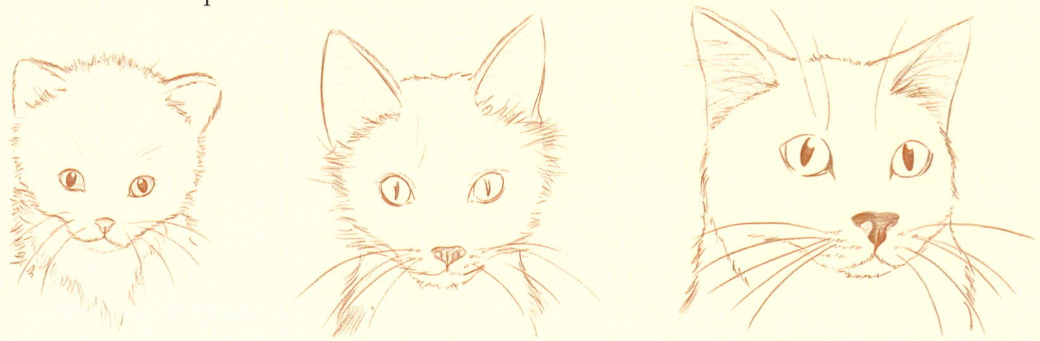

Während des Wachstums weisen Katzenköpfe deutliche Unterschiede in der Form auf, und auch die Proportion der Ohren zum Kopf verändern sich stark. Von links: Katzenjunges, halbwüchsige Katze und ausgewachsene Katze.

Die Ohren

Auch die Ohren einer Katze verändern sich in den ersten Monaten des Wachstums sehr deutlich. Zunächst sind sie sehr klein im Vergleich zum Kopf, dann erscheinen sie viel zu groß. Erst beim ausgewachsenem Tier stimmen die Proportionen wieder überein.

Katzen weisen nicht viele verschiedene Ohrenformen auf. Die Ohren unterscheiden sich oft nur in der Größe, und meist ist die Länge des Fells Ausschlag gebend dafür, wie deutlich sie im Erscheinungsbild auffallen. Bei einer Siamkatze sind die Ohren sehr stark ausgeprägt, da das kurze Fell dieser Rasse die Ohren deutlich hervorhebt. Perserkatzen hingegen scheinen durch ihr extrem langes Fell wesentlich kleinere Ohren zu besitzen. Katzenohren sind an den äußeren Seiten von dichtem Haarwuchs umgeben, im Inneren der Ohren ist die Haut sichtbar, vereinzelt wachsen feine, sehr lange Härchen heraus. An den äußeren, unteren Rändern befinden sich kleine Hautfältchen, die das Ohr schwungvoll am Kopf enden lassen.

Die Ohrenstellung bei einer Katze sagt im Übrigen viel über ihren Gemütszustand aus.

Katzenohren weisen meist eine ovale (Tulpenohren) bis spitze Form auf.

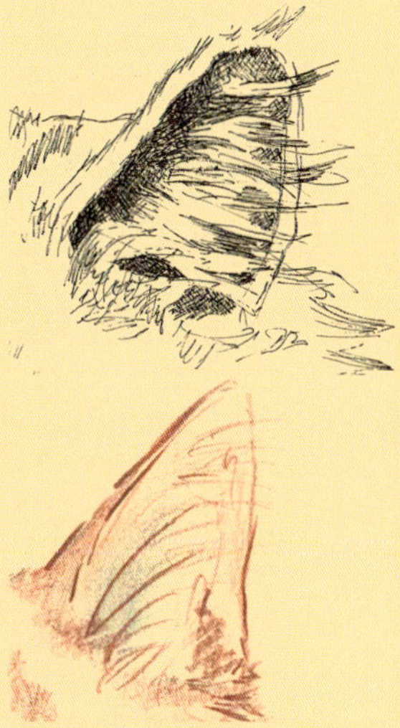

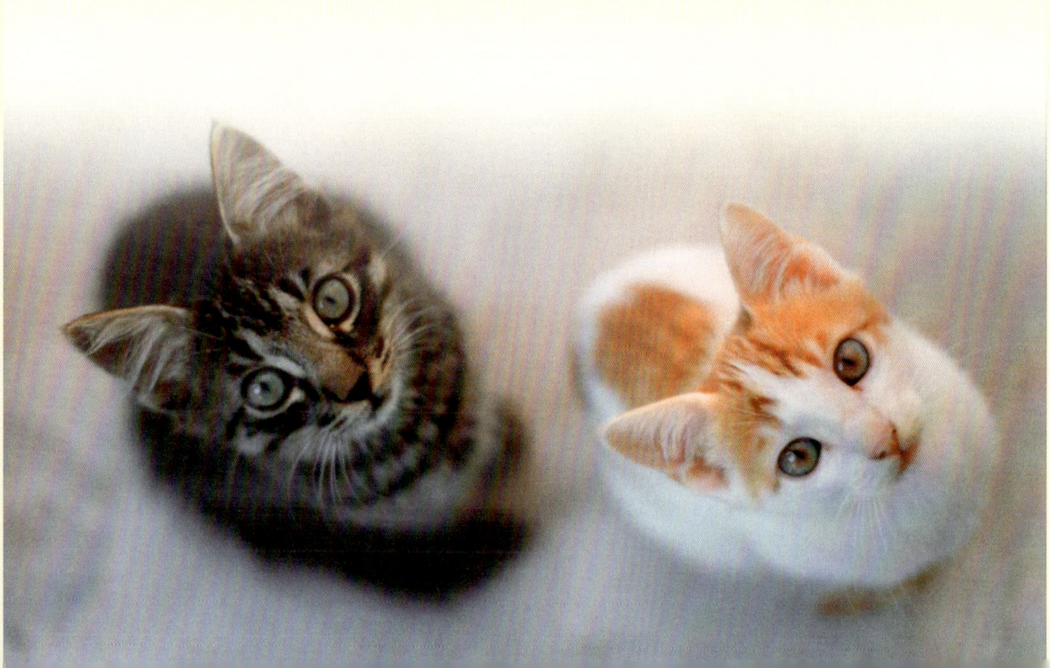

Die Augen

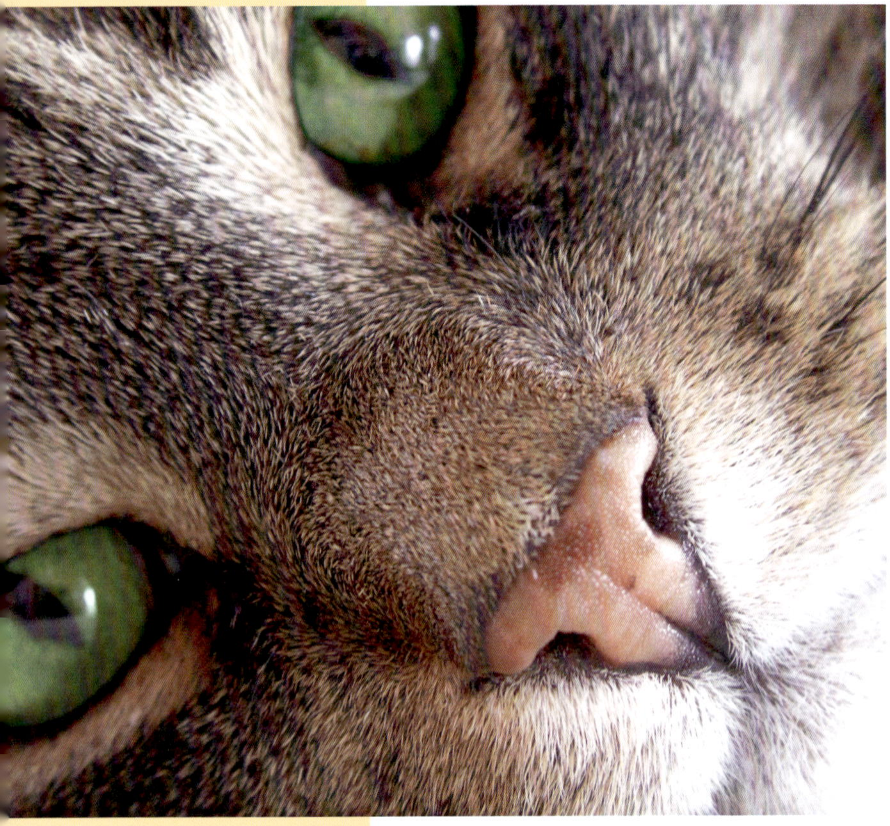

Die Wimpern gehen oft direkt in das Fell der Stirn über und stechen nicht soweit hervor wie bei anderen Tieren. Ein heller oder dunkler Hautrand säumt das Auge; er ist bei jedem Tier unterschiedlich ausgeprägt. Vor allem bei getigerten Katzen, die eine schwarze Fellfärbung um das Auge besitzen, ist diese Rahmung sehr stark und deutlich ausgeprägt. Die inneren Augenwinkel verlaufen in einem etwa 1 cm langen Strich nach unten ins Gesichtsfell hinein.

In verengtem Zustand bilden die Pupillen einen scharfen, schwarzen Strich; je weiter sie sich öffnen, desto ovaler werden sie. Sind sie weit geöffnet, bilden sie einen Kreis, der je nach Lichtverhältnis das Auge ganz schwarz erscheinen lässt. Wenn die Lider den äußeren Rand der Iris verdecken, entsteht oft irrtümlich der Eindruck, dass die Pupille mit dem Rand der Iris abschließt.

Die Iris verfügt oft über ein kreisförmiges, gestricheltes Muster rund um die Pupillen. Beim Zeichnen ist es von größter Wichtigkeit, die Lichtreflexe, die in Form von kleinen weißen Punkten oder verzogenen Quadraten durch den Lichteinfall auftreten, mit einzubeziehen, damit ein realistischer Eindruck entsteht!

Eine Katze ist ein Löwe in einem Dschungel kleiner Büsche.

Indisches Sprichwort

Die Augen einer Katze haben etwas Magisches und Geheimnisvolles. Sie sind von einer ästhetischen Reinheit, ausdrucksstark und tiefgründig zugleich. Farblich variieren sie von Gelb zu Orange über Grün, Grau bis hin zu Blau. In den meisten Fällen sind die Augen mandelförmig; je nach Rasse, wie z. B. bei Perserkatzen, fallen sie rundlicher aus.

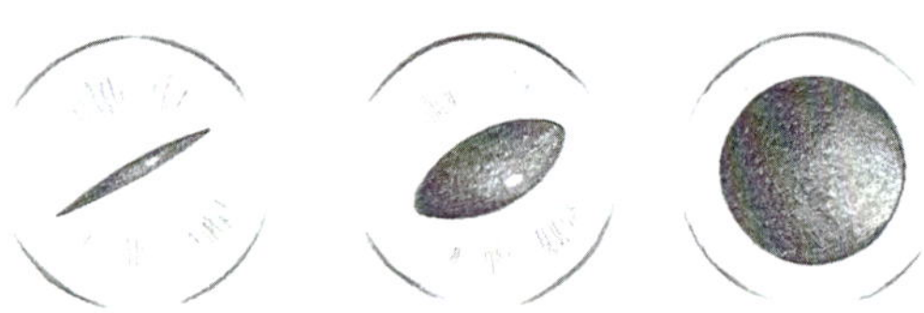

Von links: Das Auge bei starkem Lichteinfall, bei geringem Lichteinfall, bei Nacht.

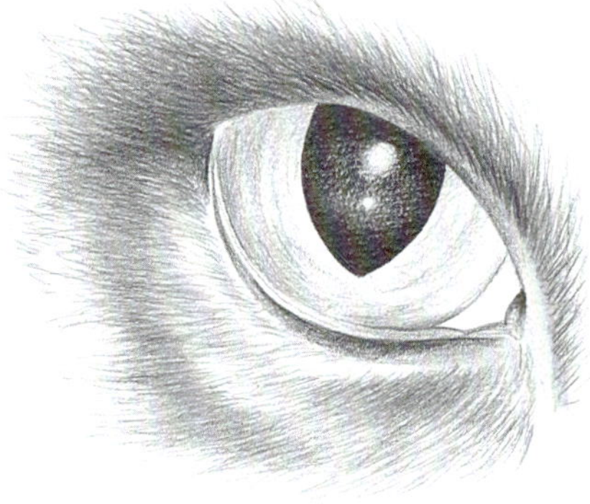

Das Augenlid reicht tief über den Augenausschnitt hinaus.

Die Nase

Die vereinfachte dreieckige Form der Nase, wie sie in vielen Zeichnungen zu finden ist, kommt der fotorealistischen Wiedergabe schon sehr nahe, sie wirkt allerdings ohne die Andeutung der verschnörkelten Innenstruktur schnell plump. Aus diesem Grund ist es wichtig, die geschwungenen Bögen (die feinen Nasenlöcher) links und rechts von der mittleren Teilung der Nase zumindest anzudeuten. Der obere Bereich der Nase ist nicht in zwei Hälften unterteilt. Der Fellansatz auf dem Nasenrücken beginnt mit einer kleinen Aussparung direkt über der Nase, die Haare werden nach oben hin zur Stirn immer länger. Je nach Farbe der Katze kann die Nase rosa oder schwarz sein.

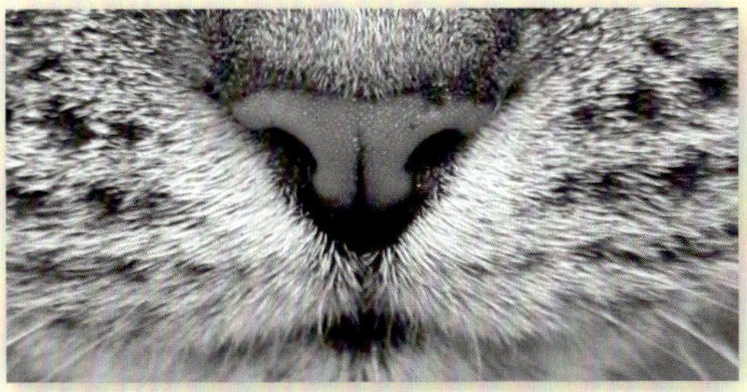

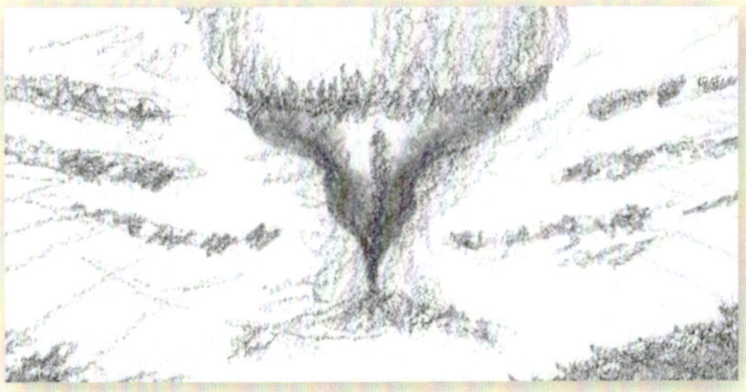

Die Form der Nase wirkt wie ein abgerundetes Dreieck mit geschwungenen Nasenflügeln. Der untere Bereich ist in der Mitte zweigeteilt.

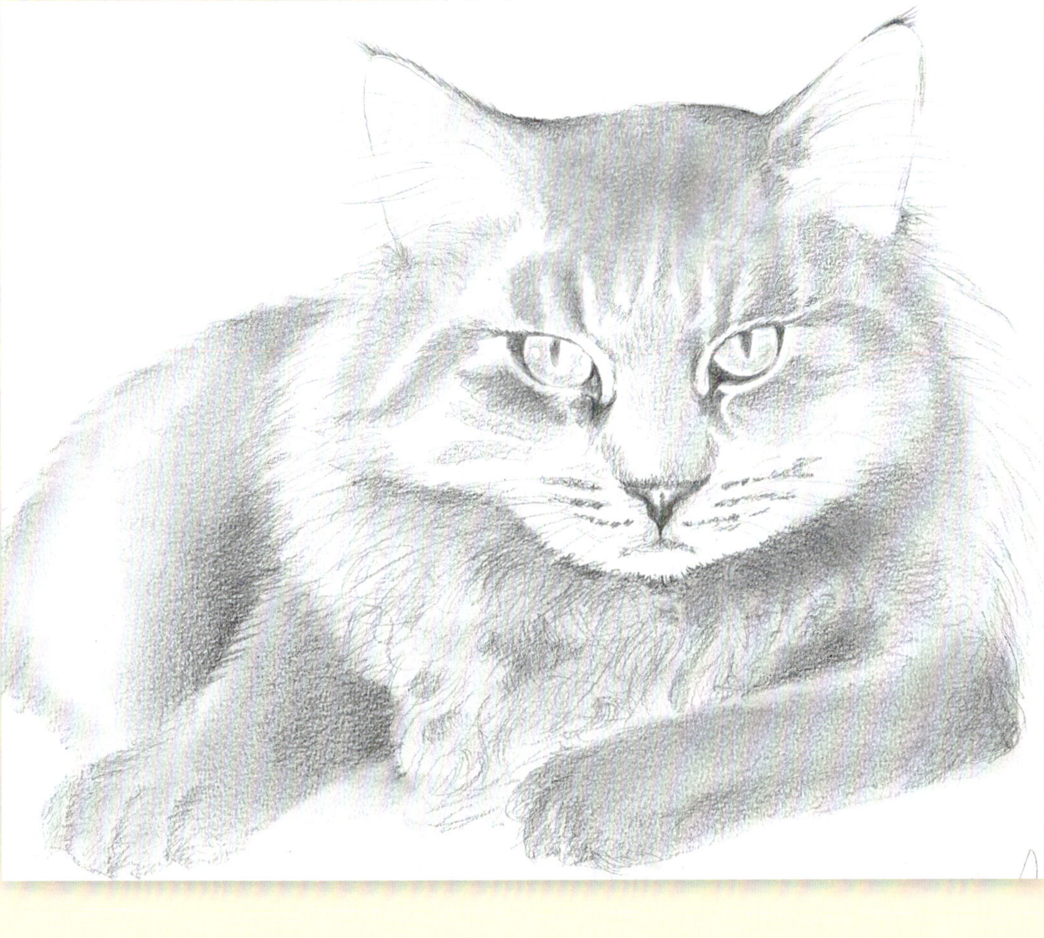

Das Maul und das Kinn

Das Maul der Katze und ihre Kinnpartie sind eher unscheinbar. Das Maul zeichnet sich meist nur durch einen schmalen Strich aus, während das Kinn bei Katzen verschiedener Rasse Unterschiede in der feinen Form aufweist und nach hinten flieht. So kann es bei der Norwegischen Waldkatze zum Beispiel quadratisch ausfallen. Kartäuser haben ein nicht so kräftiges Kinn, die Russisch Blau hingegen besitzt ein stark ausgeprägtes Kinn. Bei anderen Katzen kann dieses auch rund oder spitz ausfallen.

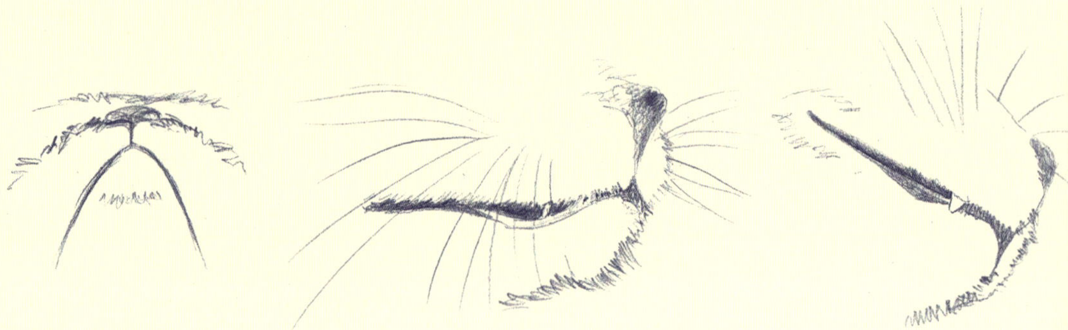

Das Maul einer Katze ist kaum sichtbar, meist besteht es vorne nur aus einem kleinen Dreieck und seitlich aus einer schmalen Linie.

Die Barthaare

Die drahtigen Barthaare einer Katze sind entweder schwarz oder weiß. Sie dienen der Katze als Orientierungshilfe bei ihren Streifzügen durch ihr Reich. Wenn eine Katze zum Beispiel das erste Mal durch ein Loch im Zaun schleicht, streifen ihre Barthaare die Ränder des Durchganges und verraten ihr so, ob ihr Hinterleib auch hindurchpasst. Beim Zeichnen von weißen Barthaaren ist ein wenig mehr Mühe und Geschick vonnöten, da man um die Haare „herumzeichnen“ muss, um auf diese Art nach und nach mit den weiß belassenen Stellen die Barthaarkontur wiedergeben zu können.

Über den Augen besitzen manche Katzen mehr, andere wiederum weniger deutlich eine Art Augenbrauen, die sich mit den Barthaaren in deren Farbe zusammen vom Gesicht absetzen. Auch diese Haare sollten beim Zeichnen berücksichtigt werden, da manchmal dieser kleine Strich im Gesicht der Katze hilft, ihren Ausdruck abzurunden.

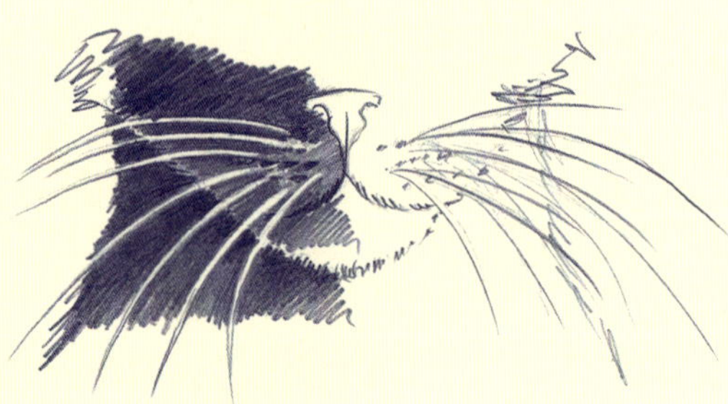

Helle Barthaare müssen beim Zeichnen eines dunklen Fells ausgespart werden.

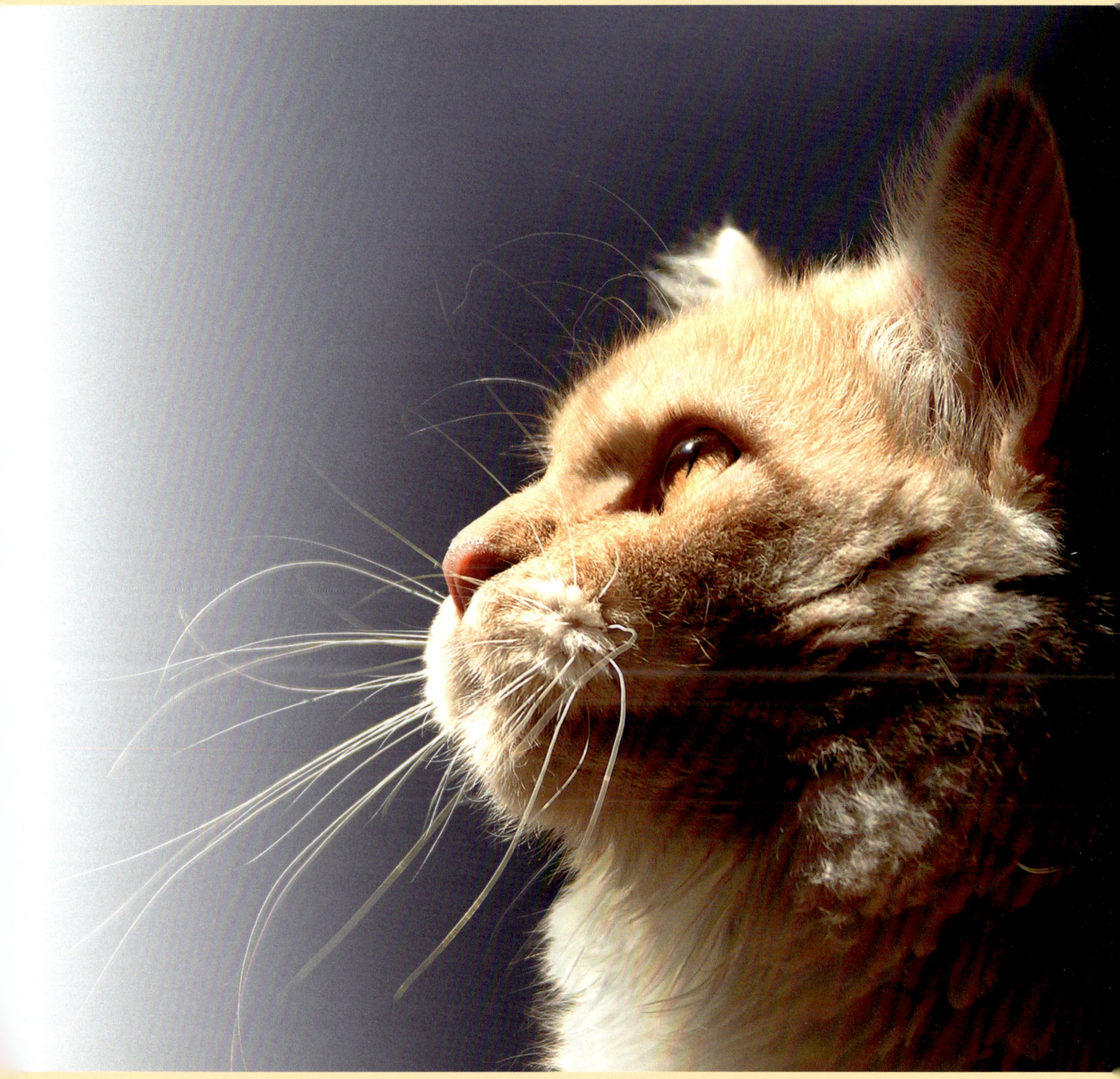

Katzen sind ein geheimnisvolles Völkchen.
Es geht mehr in ihren Köpfen herum, als wir gewahr werden.
Das kommt ungezweifelt durch ihren engen Umgang
mit Zauberern und Hexen.

Sir Walter Scott

Der Körper

Auch hierbei weisen die unterschiedlichen Rassentypen starke Unterschiede in der Form auf. So kann der Rumpf, sieht man ihn separiert ohne Extremitäten, mal trapezförmig und kompakt oder lang gestreckt und dünn sein oder auch dick und rundlich ausfallen. Natürlich wirken sich auch die Lebensweise und die Ernährung einer Katze, wie bei uns Menschen, auf die körperliche Beschaffenheit aus. Von Natur aus ist die Norwegische Waldkatze ein sehr kräfti-

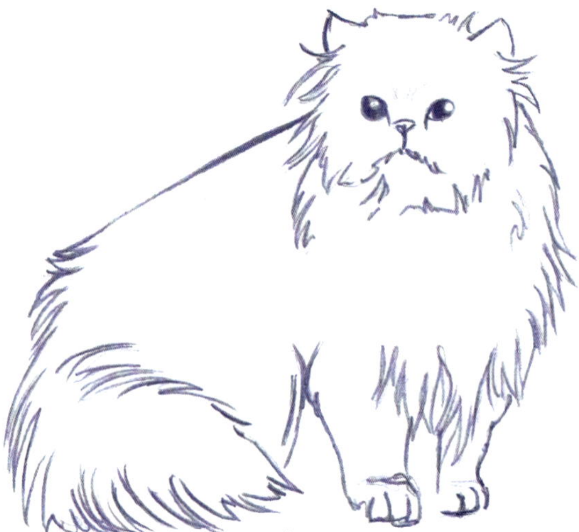

Perser

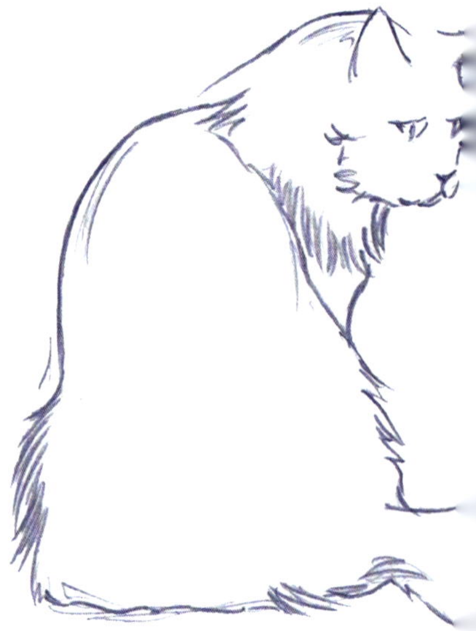

Maine Coon

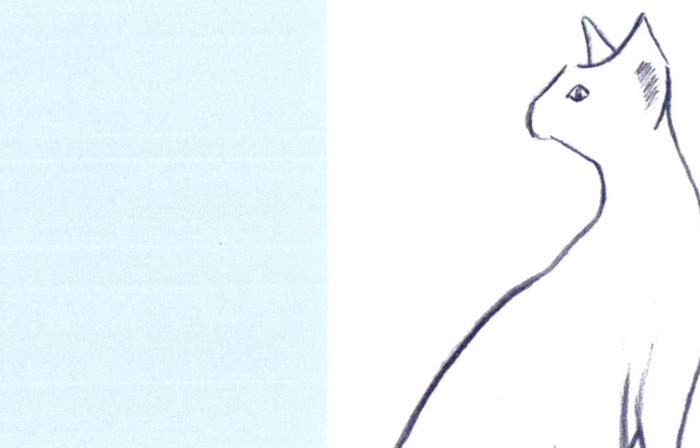

Siam

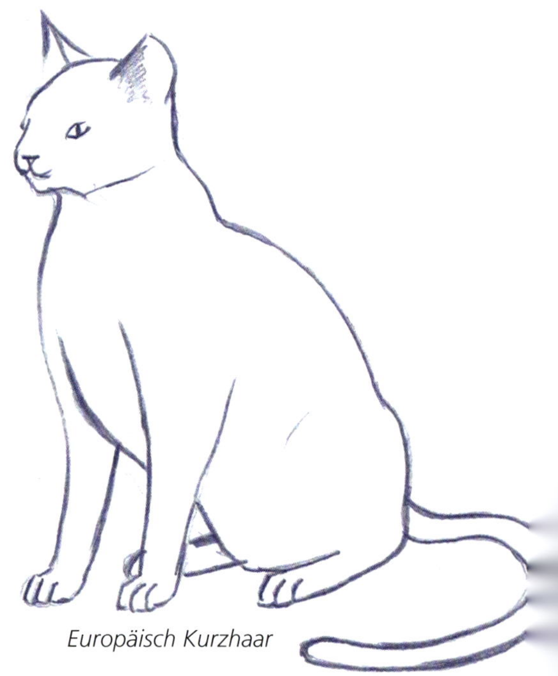

Europäisch Kurzhaar

ges und muskulöses Tier, die ihr sehr ähnliche Maine Coon ist allerdings in der Form etwas länger. Die Russisch Blau verfügt über einen kräftigen Körperbau, aber auch sie ist vom Typ her etwas länglicher und mittelschwer, während eine Perserkatze wesentlich kürzer im Knochenbau ist. Die Siamkatze fällt dagegen durch ihren grazilen Körperbau auf, der Kartäuser durch seine runde Kopfform.

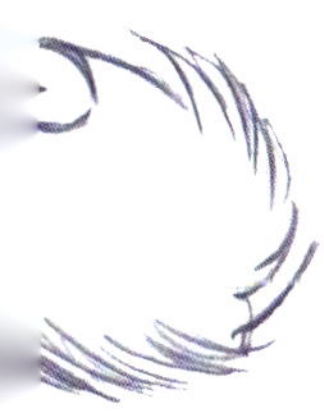

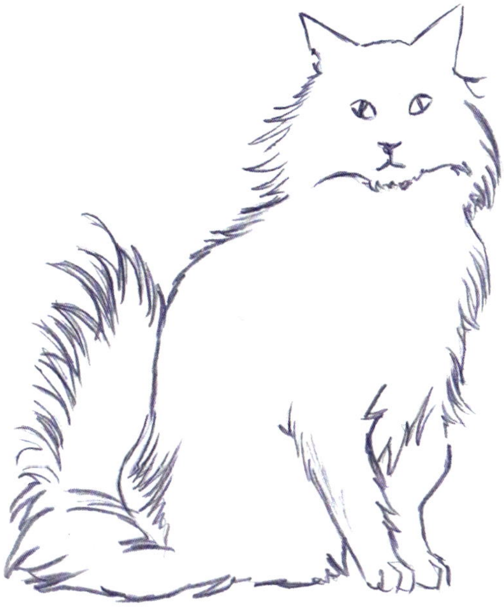

Norwegische Waldkatze

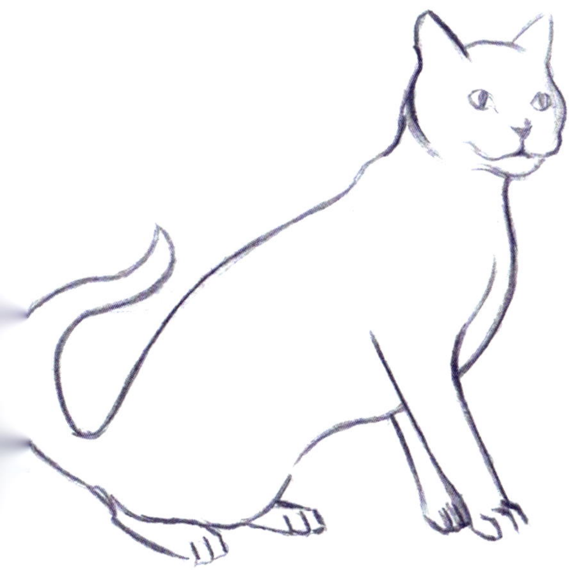

Russisch Blau

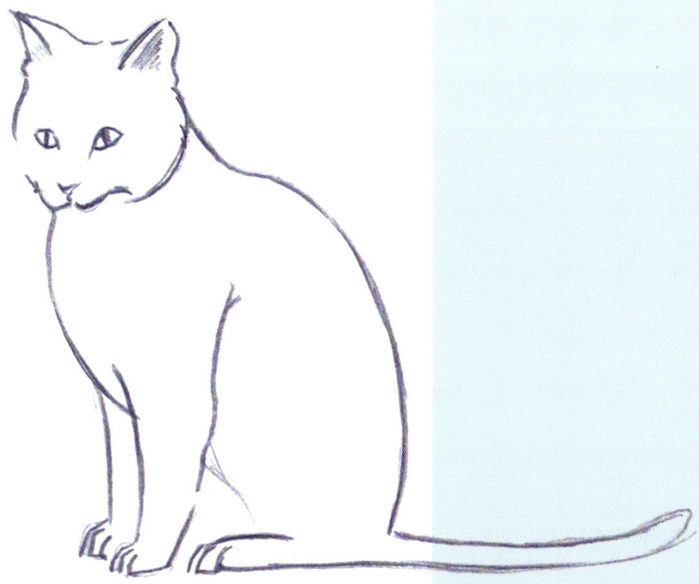

Karthäuser

Die Pfoten

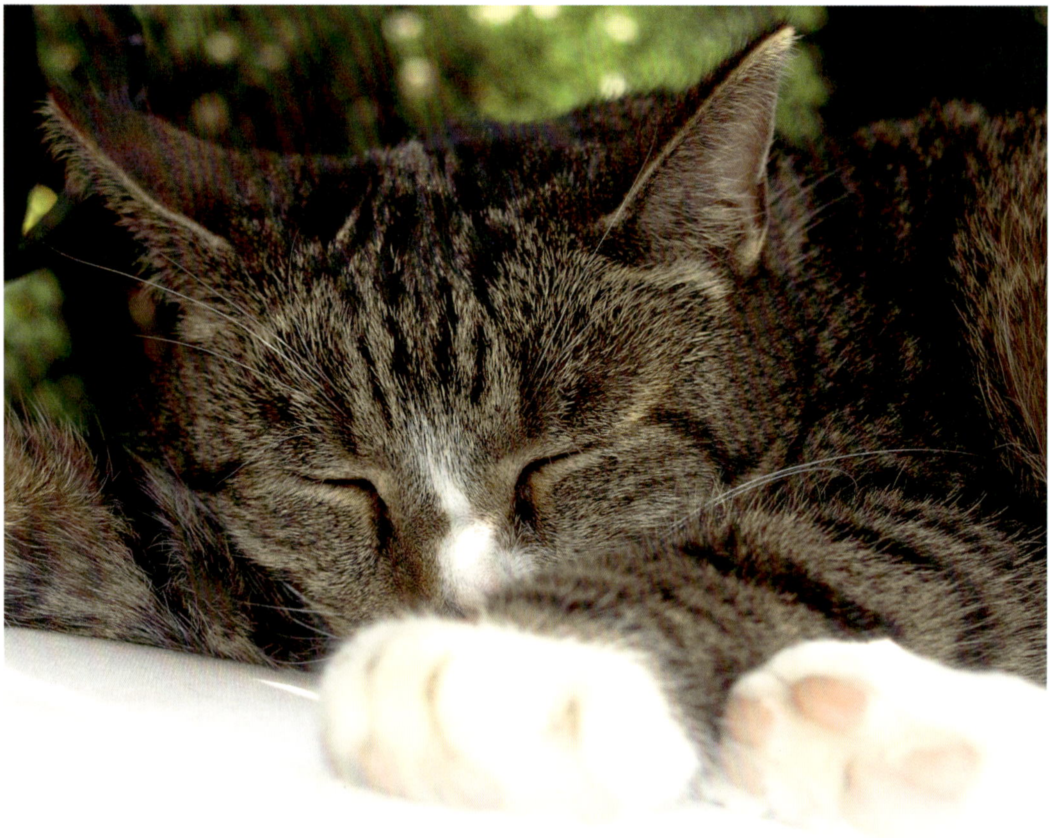

Wie schön schläft eine Katze, schläft mit Pfoten und Schwere.
Pablo Neruda

Auch wenn die Pfoten einer Katze klein und unscheinbar wirken, sollte ihnen genug Beachtung geschenkt werden. Um sie beim Zeichnen realistisch wiederzugeben, sollten die Konturen der vorderen vier Zehballen mit in die Zeichnung einbezogen werden. Größtenteils sind sie vom Fell bedeckt und dadurch, dass Katzen auf ihren Zehen laufen, fallen die Pfoten auch sehr kurz und kompakt aus. Die einziehbaren Krallen, die sich im mittleren Teil (von vorne gesehen) der Zehballen befinden, treten bei Druck auf die Ballen oder Anspannen der umliegenden Muskulatur hervor, sodass die Katze im Stande ist, sich durch das Festkrallen auf dem Untergrund sicher fortzubewegen und Beute wie Angreifer schnell attackieren zu können.

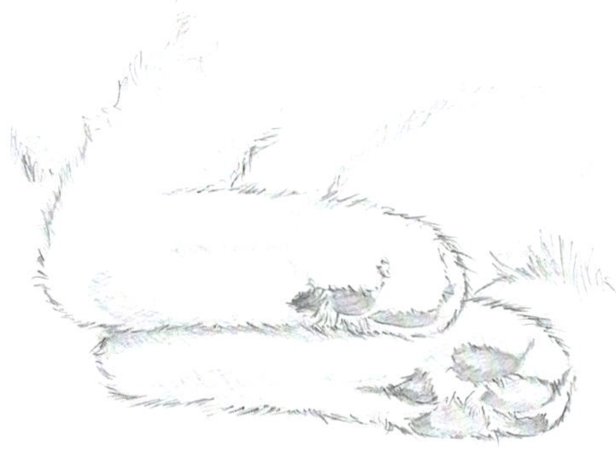

Die Hinterläufe einer Katze sind denen von Hasen sehr ähnlich.

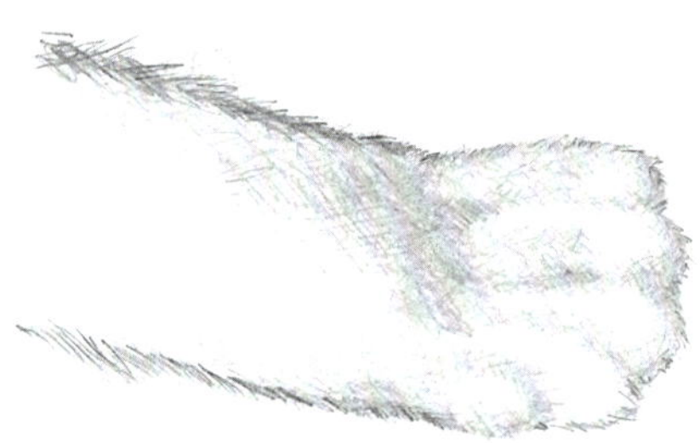

Durch das Fell zeichnen sich die Konturen der einzelnen Zehen fein ab.

Die Beine

Die meisten Schwierigkeiten treten oft beim Zeichnen der Beine von Katzen auf. Verwirrend ist hierbei die Beinstellung im Vergleich zum Menschen. Der vorderere und hinterere Oberschenkel ist von Fell und Hautlappen bedeckt und somit kaum zu sehen, lediglich die untere Elle (vorn) und der Unterschenkel (hinten) setzen sich als Extremitäten deutlich sichtbar ab. Bei Katzenrassen, die über ein langes Fell verfügen, wirken die Beine natürlich durch die Fülle der Haare stämmiger, als sie eigentlich sind. Bei Fell von einer kurzen Haar-Beschaffenheit dagegen fallen die Beine sehr dünn und drahtig aus.

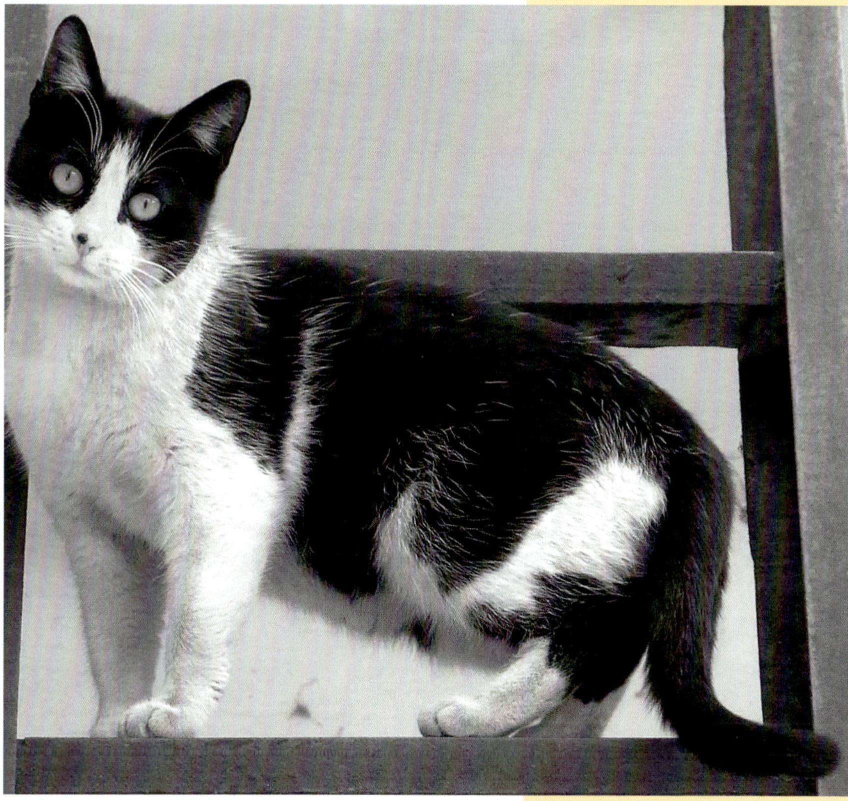

Bei den Hinterbeinen ist nur die untere Beinpartie deutlich sichtbar, die oberen Regionen sind von Fell und Haut überdeckt.

Es gibt keinen kühneren Eroberer, als einen kleinen Kater.

Jules Fleury-Housson

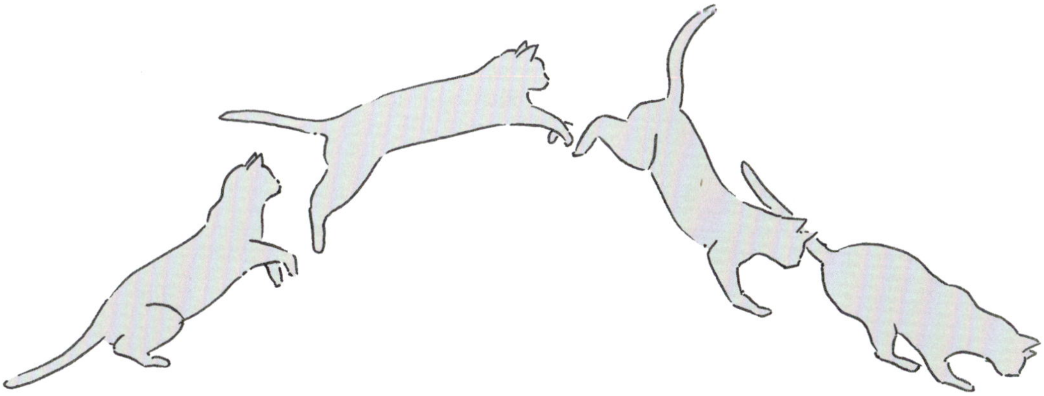

Die unterschiedlichen Beinstellungen und die Ausformung der Beine beim Sprung einer Katze sind in dieser Abfolge gut zu erkennen.

Aufgabe: Skizzieren Sie die einzelnen Körperpartien, und wenden Sie dabei das erlernte Wissen an.

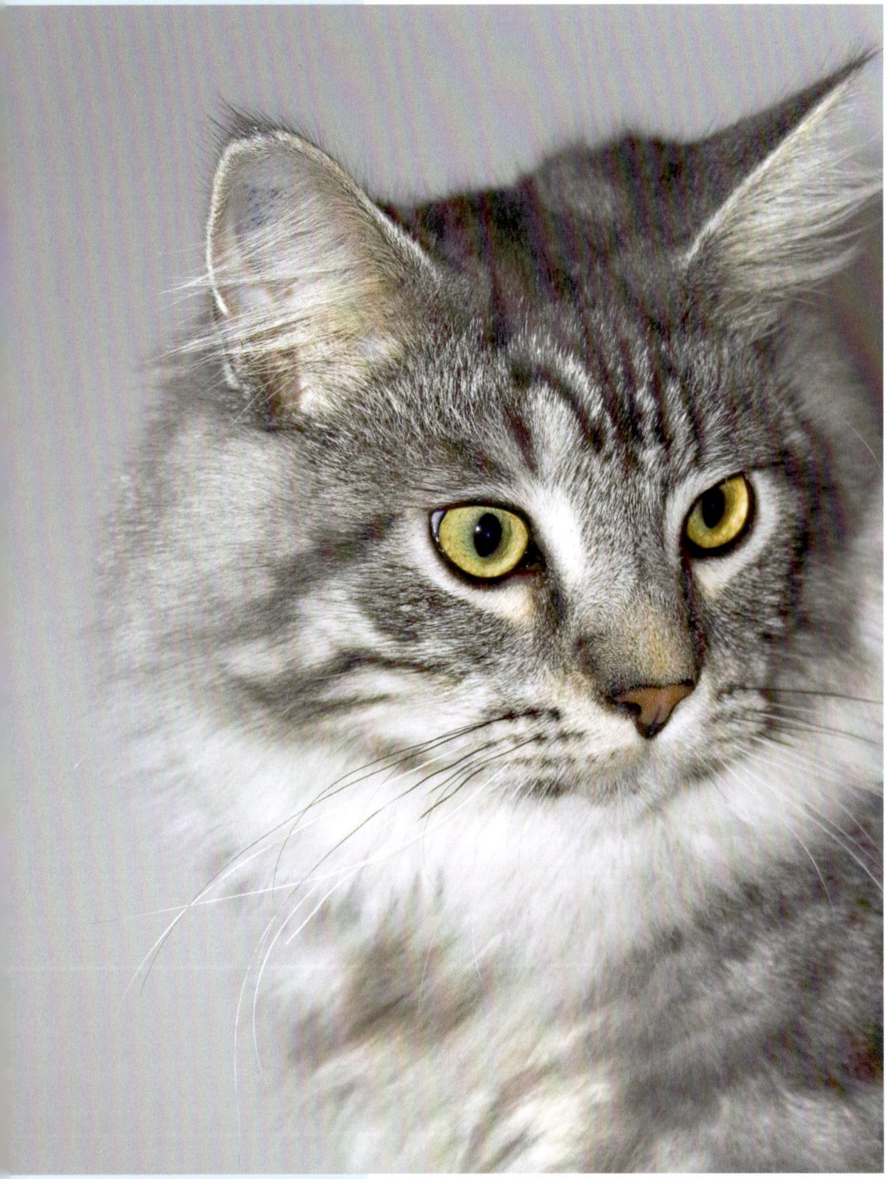

Das Fell - Muster und Farbe

Die etwa 40 verschiedenen Katzenrassen werden in drei Hauptgruppen unterteilt: Kurzhaar-, Mittellanghaar- und Langhaarkatzen.
Die Kurzhaarkatze verfügt über ein kurzes Fell. Allerdings gibt es auch bei ihr interessante Unterschiede. So kann das Fell je nach Rasse dichter und extrem kurz sein, wie es beispielsweise bei der Siamkatze am deutlichsten der Fall ist, aber auch bei Kartäusern und Russisch Blau-Katzen unverkennbar auftritt. Das Fell bekommt dadurch einen feinen, samtähnlichen Schimmer. Beim Zeichnen lässt es sich sehr schön durch einfache Schattierungen wiedergeben.
Katzen mit mittellangem Fell sind unter anderem die Maine Coon und die Norwegische Waldkatze. Ihr dichtes und seidigiges Fell ist am Kopf, an den Schultern und den Beinen kurz; am Rücken, Hals und an den Flanken ist es hingegen länger: Beim Zeichnen wird es durch einzeln verstärkte Haarsträhnen wiedergegeben, oder es werden viele feine Härchen gezeichnet. Die typische Langhaarkatze ist die Perserkatze mit ihrem ausgeprägt langem Fell. Die Haare sind allerdings so leicht und zart, dass das Fell den Eindruck erweckt, es schwebe und dadurch entstehe diese aufgebauschte Fellpracht. Beim Zeichnen kann diese Fellstruktur sehr schön durch das Abschattieren einiger Flächen und durch sorgfältig gezeichnete Außenkonturen des Fells wiedergegeben werden.

Wer einen Hund besitzt, der ihn anhimmelt, sollte auch einen Kater besitzen, der ihn ignoriert.
unbekannt

Extrem kurzes Fell

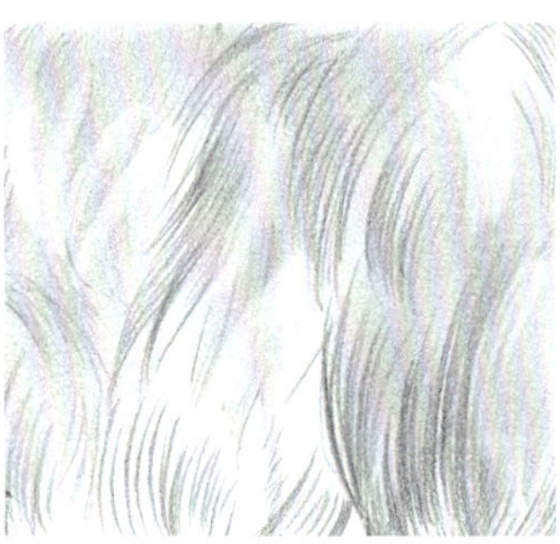

Mittellanges Fell

Langes Fell

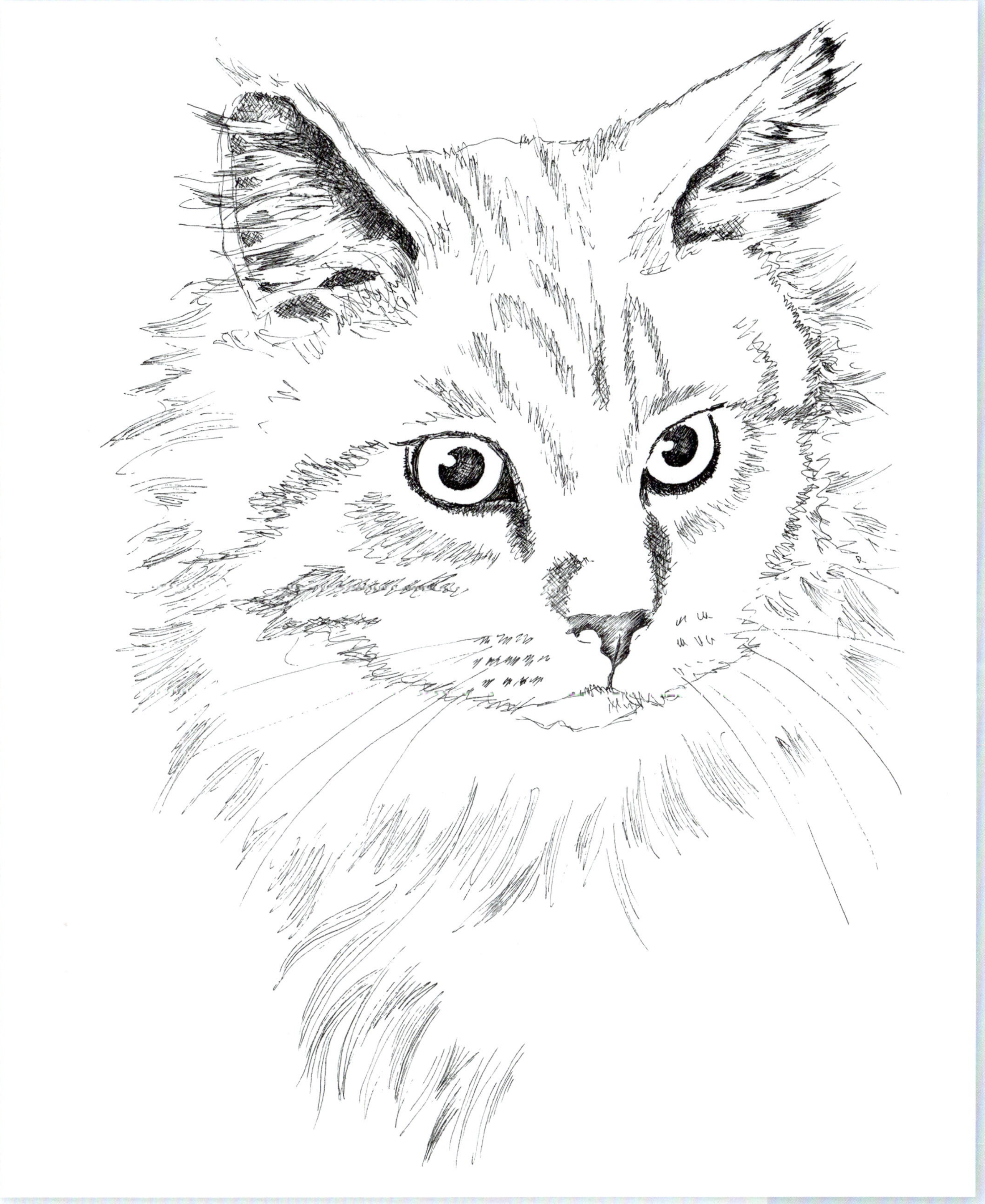

Eine Fellstruktur mit Tusche wiederzugeben ist eine besondere Herausforderung.

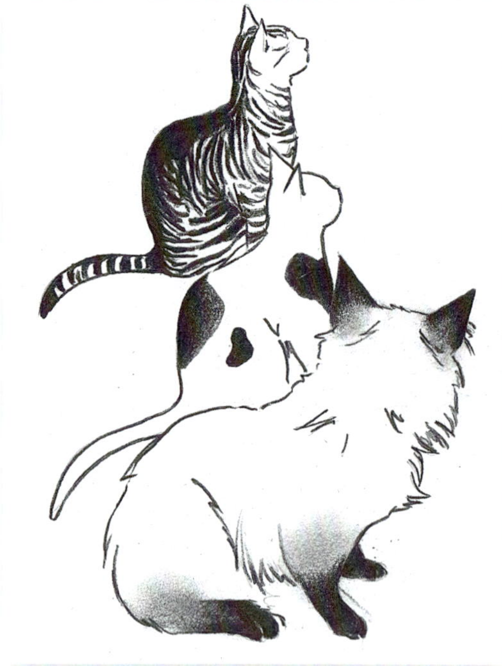

Von oben nach unten:
Getigert, Gefleckt, Colourpoint.

Fellfarbe und -muster sind bei jeder Katze einzigartig, auch wenn sich zwei Katzen dem Anschein nach oft wie Zwillinge ähneln. Manchmal sehen Tiere mit einem weitverbreiteten Muster, wie z.B. dem aus weißem Kragen und weißen Söckchen, das sie wie kleine Aristokraten im Anzug wirken lässt, auf den ersten Blick gleich aus. Doch bei genauerem Hinsehen ziert bei der einen Katze zusätzlich ein weißer Fleck das Gesicht, während die andere mit einer weißen Schwanzspitze aufwartet. So verleiht die Fellzeichnung jedem Tier eine ganz besondere, persönliche Note.

Fellmuster

Für die Klassifizierung der verschiedenen Fellmuster gibt es unter Fachleuten und Katzenzüchtern unterschiedliche Begriffen. Oft werden englische Fachbegriffe verwendet, die für den Laien jedoch verwirrend sein können.
Dabei ist **Tabby** die übergreifende Bezeichnung für alle Fellzeichnungen. Das Fellmuster wird in verschiedene Kategorien unterteilt:

getigert *(mackerel):* Das Muster bei getigerten Katzen verläuft in langen Streifen vom Kopf aus den Rücken entlang. Dort fällt es seitlich die Flanken hinab und geht an den Beinen und am Schwanz in Ringe über.

gestromt *(blotched, classic):* Der Unterschied zwischen getigert und gestromt besteht lediglich darin, dass die Streifen bei gestromten Katzen breiter ausfallen.

getupft *(spotted):* Bei getupftem Fell besteht die Musterung aus vielen entweder ein- oder zweifarbigen Punkten. Das heißt, dass sich in den einzelnen Tupfen weitere Tupfen in einer anderen Farbe befinden, was dann als *rosetted* bezeichnet wird. Ein gutes Beispiel ist die Bengalkatze, deren Fell dieses außergewöhnlich schöne Muster vorweisen kann, welches ihr ein wildes Erscheinungsbild verleiht.

gefleckt: Dieses Muster kommt in sehr vielen Ausprägungen vor und besteht meist aus zufällig angeordneten farbigen Flecken. Dazu gehören u.a. das Schildpattmuster („Glückskatzen") und bicolour, wie die beiden rechts.

getickt *(ticked):* Bei getickten Katzen sind die einzelnen Haare abwechselnd hell und dunkel gefärbt. So wirken Katzen mit dieser Fellzeichnung zwar von weitem einfarbig, aber bei näherer Betrachtung wird ein deutlicher Farbwechsel im feinen Muster sichtbar. Am ehesten vergleichen lässt sich dieses Muster mit einer feinen Sand- oder Grafit-Optik.

colourpoint: Besonders schön ist auch eine Fellzeichnung, die bei Siamkatzen und Ragdolls vorkommt. Diese Katzen sind insgesamt recht hell gefärbt; nur die Ohren, das Gesicht, die Pfoten, der Schwanz und die Nase sind als Farbflecken, sogenannte *colourpoints*, in einem dunkleren Farbton abgesetzt.

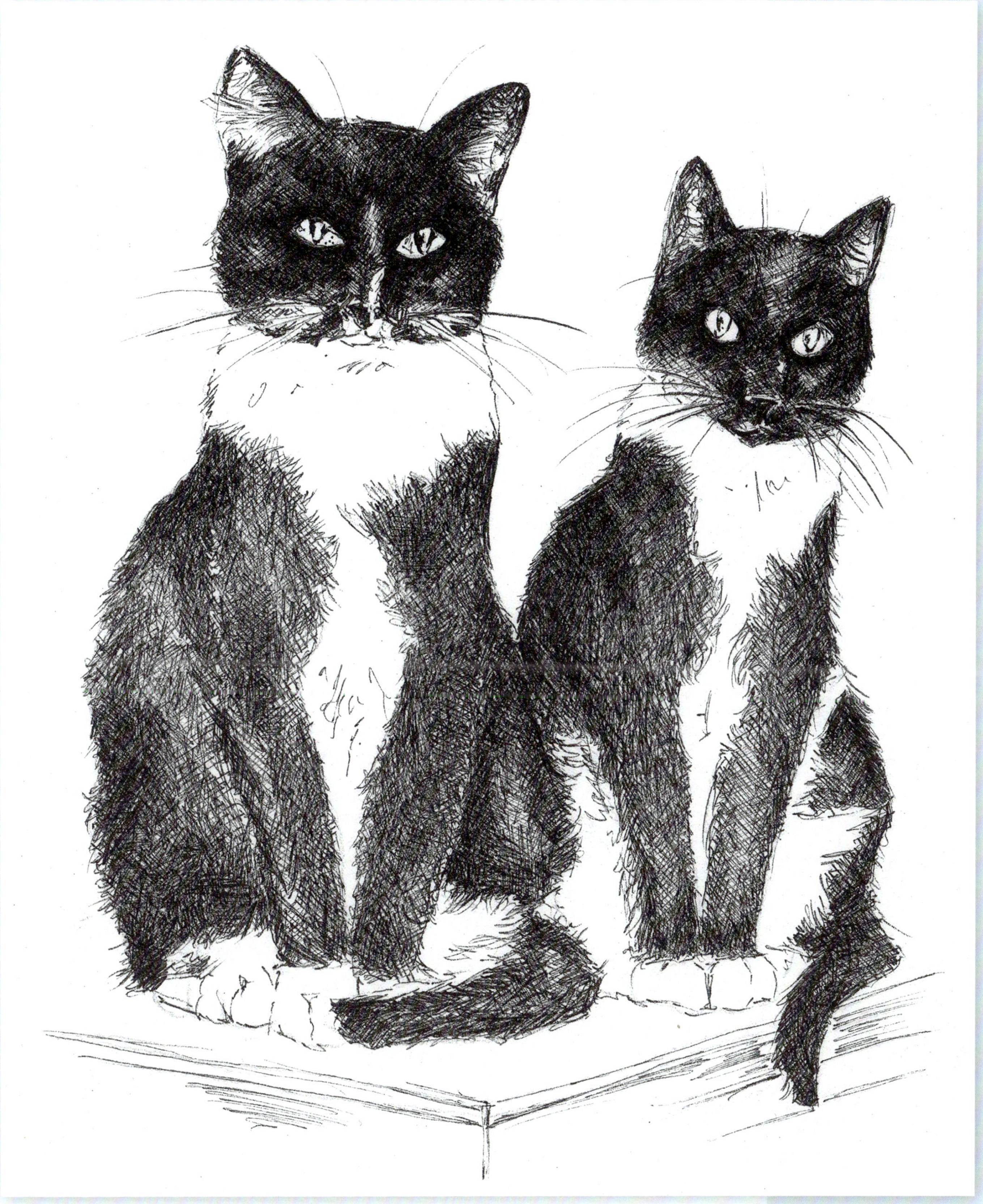

Ein weit verbreitetes Fellmuster besteht aus weißem Kragen und weißen Söckchen.

Gott schuf die Katze, damit der Mensch einen Tiger zum Streicheln hat.

Victor Hugo

Fellfarbe

Die unterschiedlichen Farben des Fells einer Katze reichen von Weiß über Grau, Beige, Braun, Rot, Orange bis Schwarz. Die vielen unterschiedlichen Farbabstufungen bilden eine breite, kunterbunte Palette, die durch die verschiedenen Muster in allen Variationen auftreten können: einfarbig, zwei- oder dreifarbig, mit und ohne Tigerstreifen oder gefleckt.

Aus biologischer Sicht bestehen die Farben des Katzenfells, so vielseitig sie auch erscheinen mögen, nur aus den Farben Rot und Schwarz. Lediglich die Anzahl der jeweiligen Farbpigmenten lässt die verschiedenen Farbabstufungen entstehen. Weißes Fell entsteht durch das vollständige Fehlen von Farbpigmenten.

Aufgabe: Zeichnen Sie verschiedene Fellstrukturen mit verschiedenen Techniken.

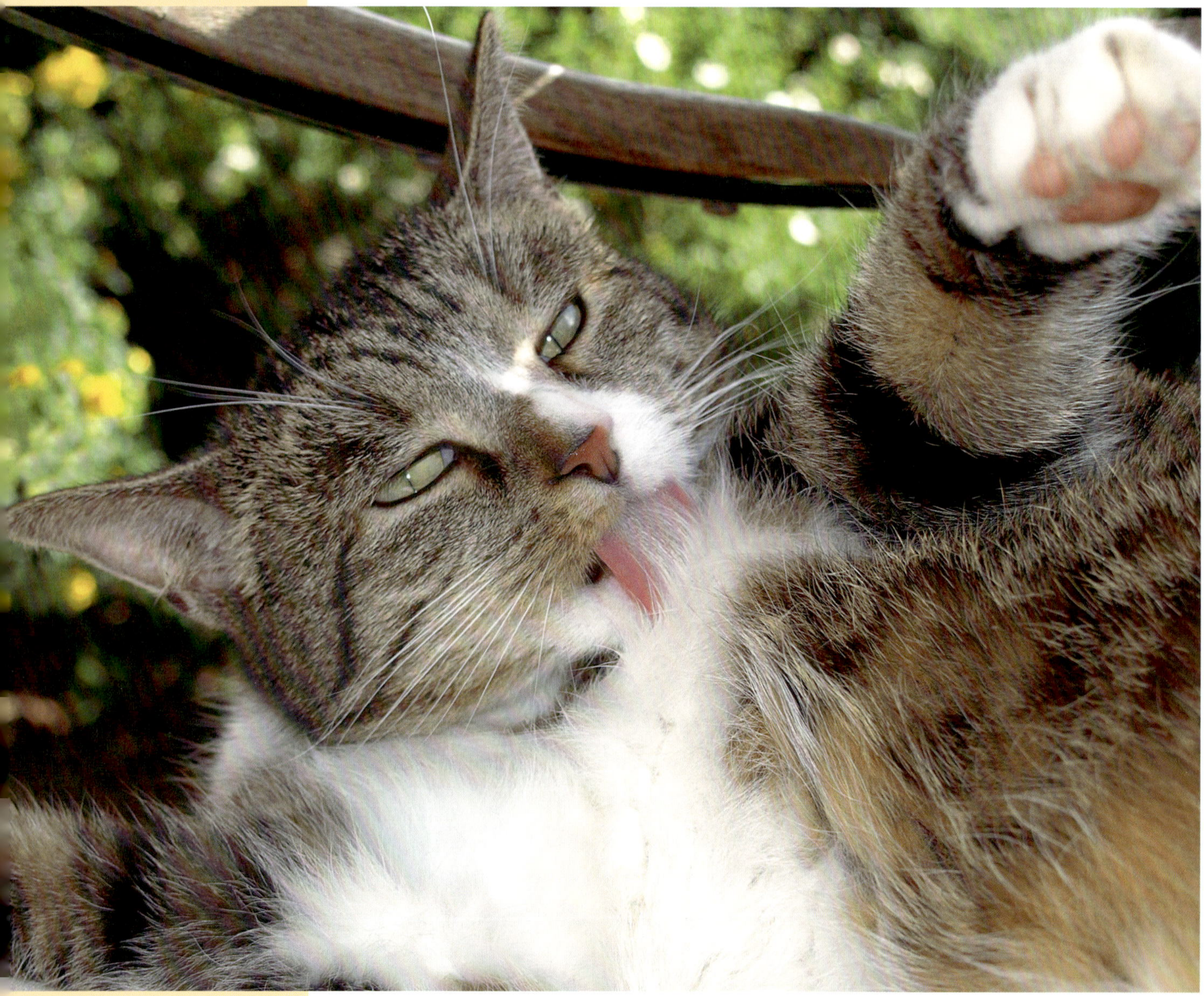

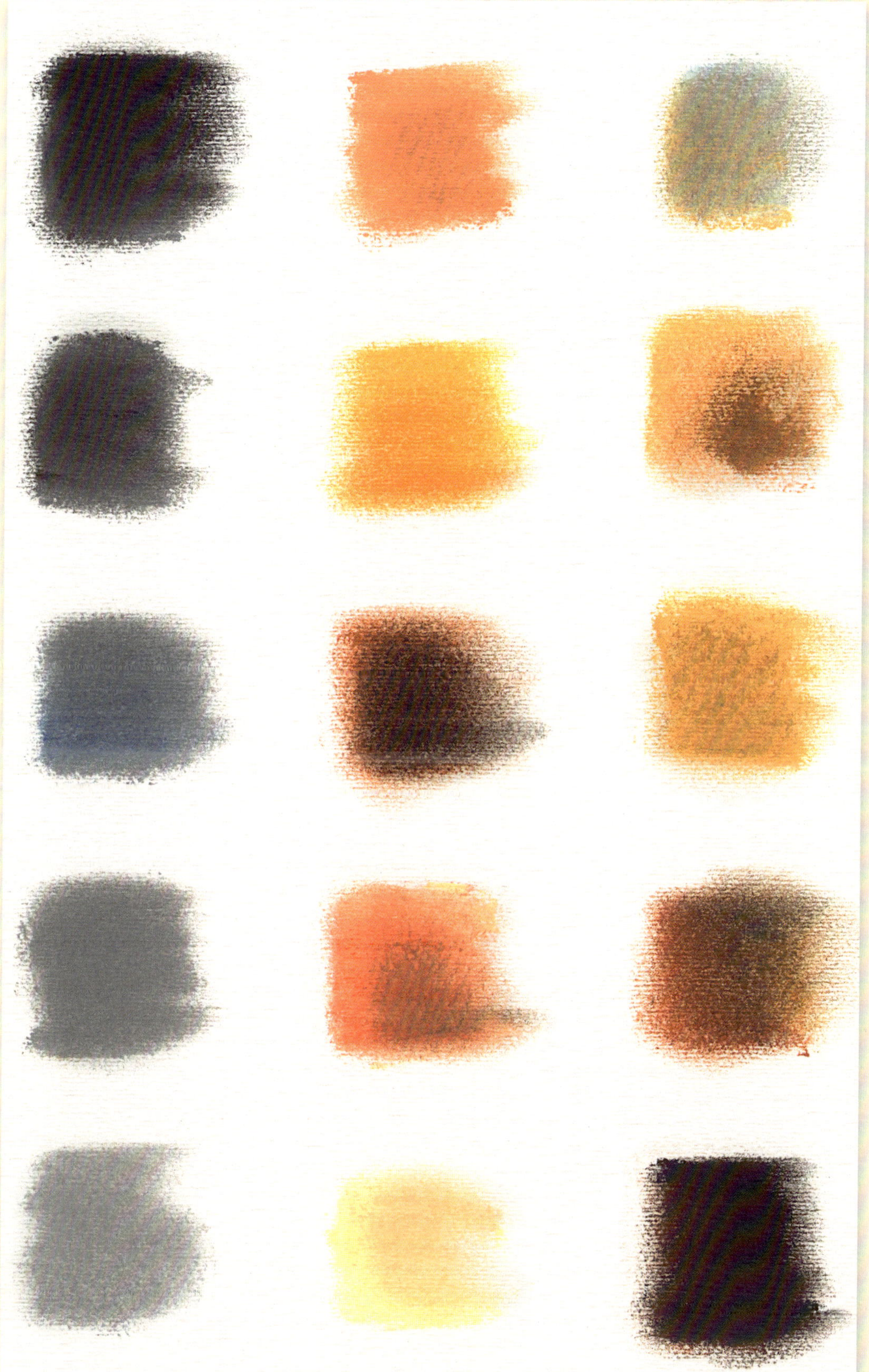

Das Fell von Katzen kann die unterschiedlichsten Erscheinungsformen aufweisen und besteht oft aus zahlreichen Farbabstufungen.

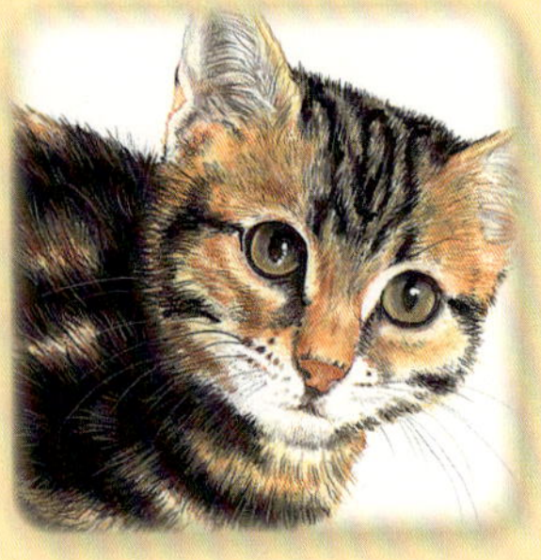

Übung in Schrittfolge: Fellfarbe und Fellstruktur am Beispiel einer Bengalkatze

Material:
- Zeichenpapier
- Pastellkreiden in Chamois, Lichter Ocker, Rotbraun dunkel und Schwarz
- Rötelstifte in Ocker und Rotbraun
- Pastellstifte in Schwarz und Weiß
- Papierwischer
- Fixativspray

Bei dem Zeichnen einiger Katzenrassen lässt sich Pastellkreide hervorragend mit Rötelkreiden und -stiften kombinieren. Sie können mit der Pastellkreide größere Flächen füllen, die Sie dann mit Mustern oder Farbverläufen weiter ausarbeiten. Mit Rötelstiften haben Sie anschließend die Möglichkeit, Fellstruktur und -muster realistisch wiederzugeben (s. S. 74 – 77). Indem Sie Schritt für Schritt die Übung durchgehen, machen Sie sich mit der Technik vertraut, die Sie z. B. beim Übungsbild der Bengalkatze ab S. 74 anwenden können.

1. Schritt
Legen Sie die Grundfarbe des Fells mit den zwei hellsten Farbnuancen großflächig an.

Schritt 1

Wenn Sie diese Technik anwenden, ist es wichtig, zunächst die im Fell des Tieres vorkommenden Farben auszuwählen, indem Sie das Fell eingehend betrachten und die Anzahl der Farben auf etwa vier oder fünf eingrenzen. Verwenden Sie zu Beginn die zwei hellsten Farben und füllen damit großflächige Bereiche der Zeichnung. Achten Sie dabei darauf, an welchen Stellen die Katze überwiegend helles und an welchen Stellen sie dunkleres Fell aufweist, und übertragen so die Grundfarbe des Tieres.

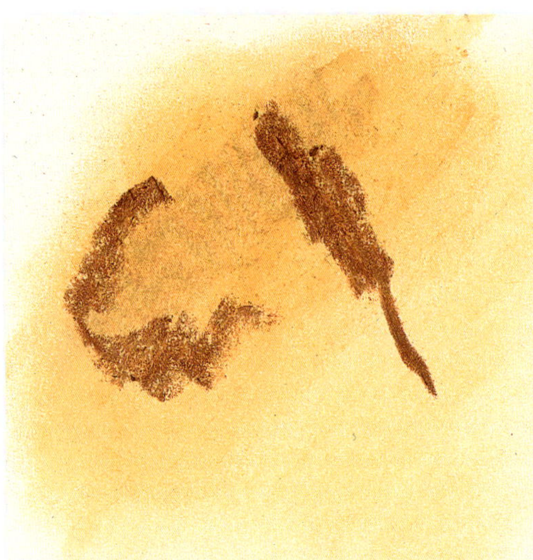

2. Schritt
Nachdem Sie die beiden ersten Farben vermischt haben, zeichnen Sie mit der nächstdunkleren Farbnuance das Fellmuster leicht vor.

Schritt 2

Verwischen Sie dann die Pastellkreide sorgfältig mit den Fingern oder an detaillierteren Stellen mit einem Papierwischer. Nun wenden Sie sich dem Muster des Fells zu. Wieder betrachten Sie zunächst genau, wie das Muster im Fell der Katze verläuft. Wo hat das Tier Flecken? Wo hat es Streifen und wie verlaufen diese? Dann zeichnen Sie das Muster mit Pastellkreide oder Rötelkreide ein, wobei die Farben jeweils eine Nuance dunkler werden. Gehen Sie zunächst nicht sehr intensiv vor und arbeiten lieber später nach.

Schritt 3

Vermischen Sie den Farbauftrag wieder mit den Fingern und erzeugen so sanfte, weiche Übergänge und Farbverläufe. Fixieren Sie nun das Bild mit einem Fixativspray und lassen Sie es gut durchtrocknen, bevor Sie weiter fortfahren! Jetzt wenden wir uns der dunkelsten Farbnuance zu. Hier im Beispiel wurde mit schwarzer Kreide weitergezeichnet. Sollte das Tier, das Sie zeichnen möchten, im Fell keine schwarze Farbe aufweisen, fahren Sie einfach mit der dunkelsten im Fell vorhandenen Nuance fort.

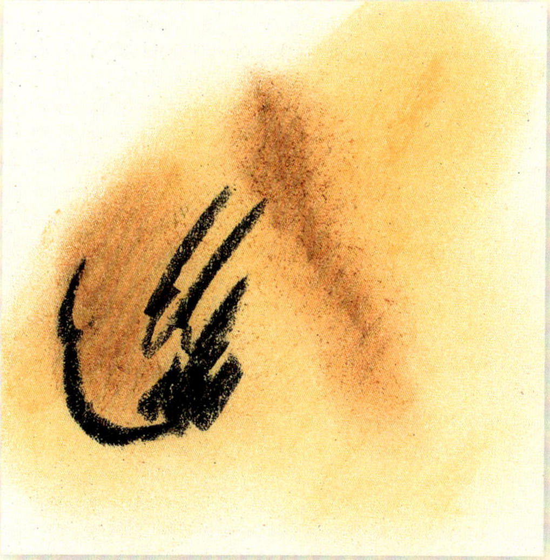

3. Schritt
Zeichnen Sie mit der dunkelsten Farbnuance weiter und bringen Sie eine grobe Fellstruktur mit einigen Strichen ein.

Schritt 4

Verwischen Sie auch hier die Farbe wieder mit dem Finger oder dem Papierwischer und zeichnen mit der Kante der Kreide oder einem Kohle- oder Rötelstift weitere Fellstruktur ein. Achten Sie dabei darauf, in welche Richtung das Fell gewachsen ist. Dann verwischen Sie den Farbauftrag nochmals leicht und fixieren das Bild abschließend.

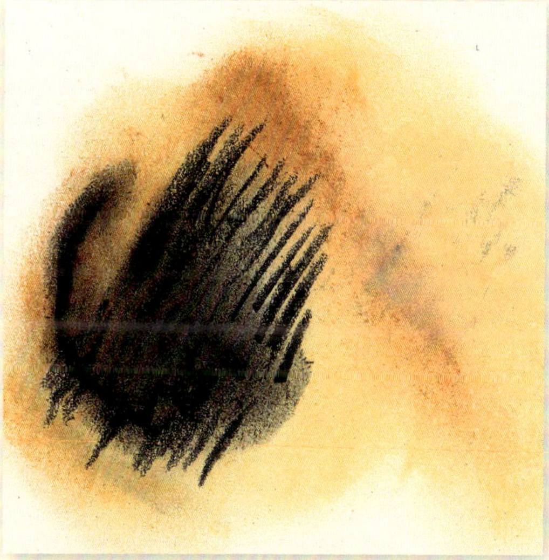

4. Schritt
Verwischen Sie die grobe Struktur und arbeiten Sie die Fellstruktur und das Muster mit der dunkelsten Farbe weiter aus.

Schritt 5

Sie zeichnen nun die Fellstruktur mit weiteren Strichen von innen nach außen ein, wobei Sie mit der zuletzt verwendeten Farbe weiterarbeiten. Im Anschluss arbeiten Sie entgegengesetzt zur bisherigen Farbauswahl, indem Sie nun immer eine Nuance heller von außen nach innen zeichnen. Wählen Sie dafür entweder die gleichen Farben aus, die Sie bisher verwendet haben, oder ergänzen sie mit Rötelstiften. Diese können rötlicher oder bräunlicher sein, wichtig ist, dass die verwendeten Farben im Fell des Tieres vorkommen. Betrachten Sie es also noch einmal eingehend, um die Farbauswahl zu prüfen.

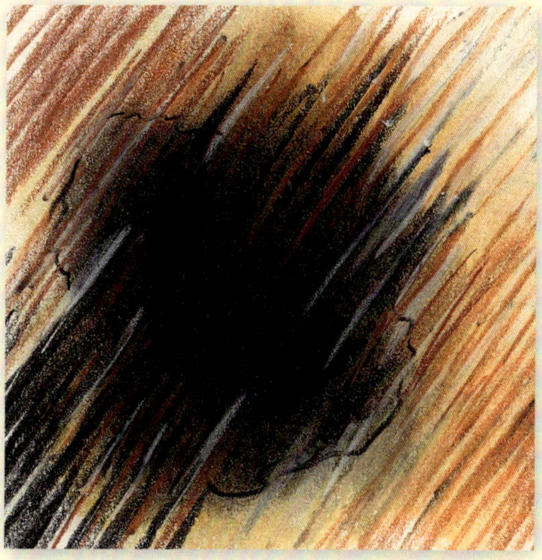

5. Schritt
Arbeiten Sie die Fellstruktur und das Muster mit Stiften in verschiedenen dunklen Farbtönen zunächst von innen nach außen aus. Arbeiten Sie dann umgekehrt mit helleren Farbtönen von außen in die dunkleren Bereiche hinein.

Bewegungsstudien

Das Erarbeiten von Bewegungsstudien ist beim Zeichnen ein wichtiger Faktor, viele bekannte Künstler haben wunderschöne Studien hinterlassen. Michelangelo verbrannte leider einen großen Teil seiner Skizzen, weil er sie für nicht würdig genug empfand, um sie der Nachwelt zu hinterlassen. Um sich der Anatomie und der Physiologie von Katzen zu nähern, sollten Sie zunächst mit einfachen Studien beginnen. Im Idealfall können Sie hierbei Ihren eigenen Stubentiger als Modell nutzen. Beobachten Sie die Katze erst einmal in aller Ruhe, und fertigen Sie dann von den jeweiligen Bewegungen grobe Skizzen an. Fangen Sie mit einfachen Motiven an, zum Beispiel eine schlafende oder eine stehende Katze. Arbeiten Sie mit einfachen Formen, wie Kreisen, Dreiecken und Quadraten. Die Linien müssen nicht exakt sein, und um Ästhetik geht es hierbei auch nicht, lassen Sie die Linien sich ruhig überlappen. Es wird Ihnen helfen, wenn Sie die einzelnen Glieder, wie bei einer Zeichenpuppe, mitzeichnen.

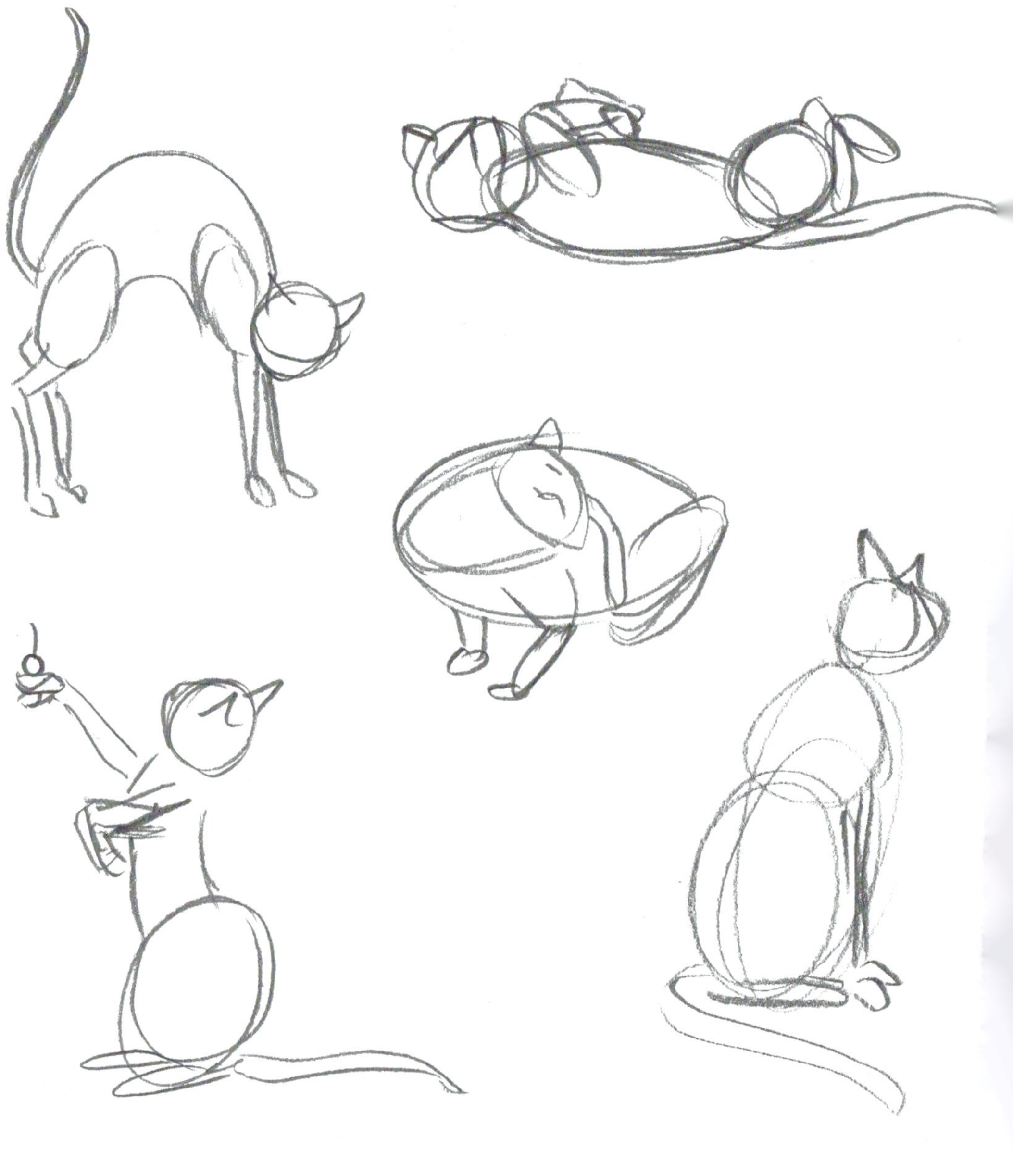

Beginnen Sie beim Skizzieren mit einfachen Formen, wie Kreisen, Dreiecken und Quadraten.

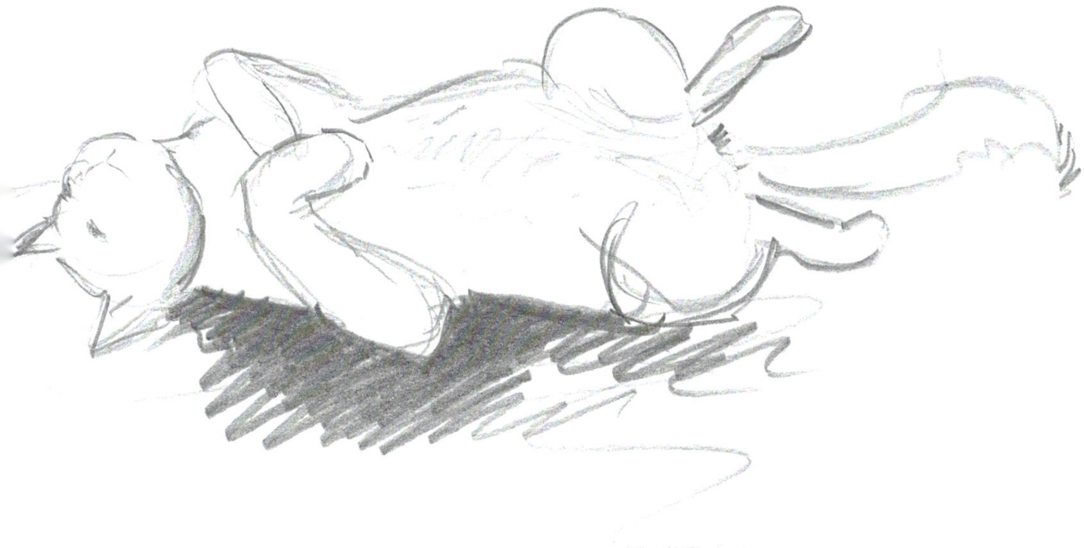

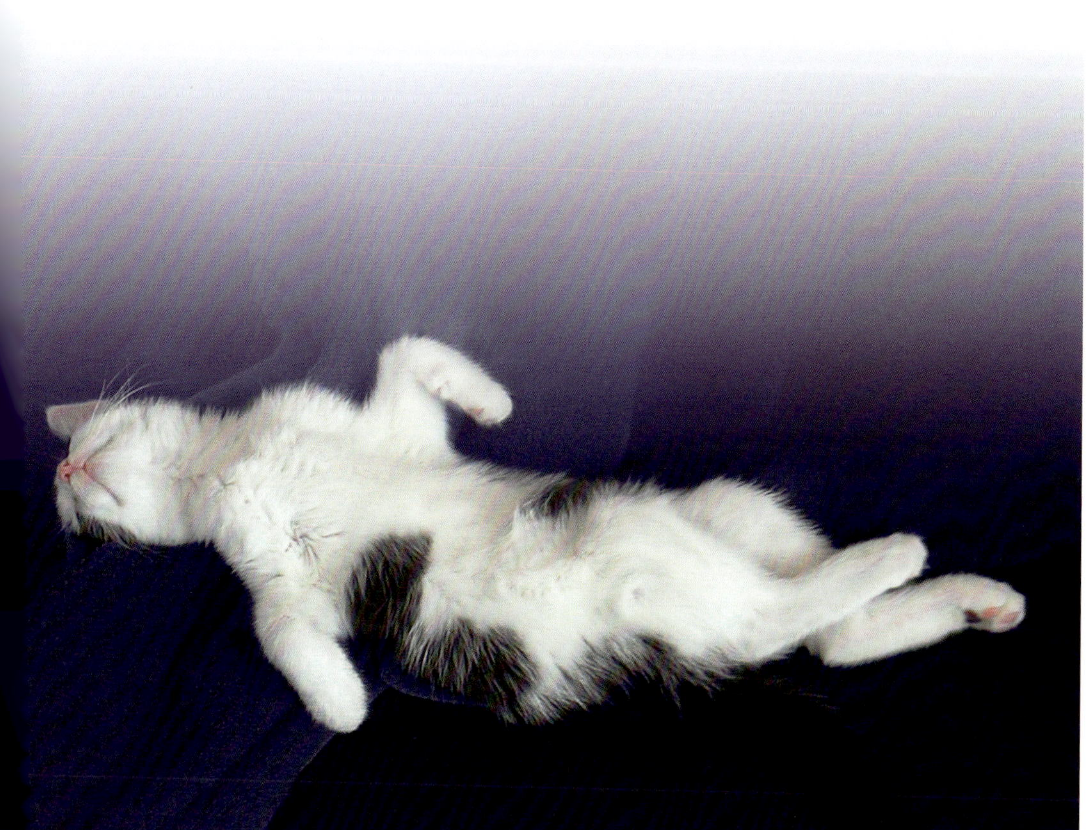

Eine Katze in jeder Pose verkörpert Anmut. Ihr Anblick allein ist Erbauung.

Max Merten

Obwohl er ein Streuner ist, macht er mir deutlich Vorwürfe, wenn ich etwas länger ausbleibe.
Samantha Armstrong

Wenn die Bewegung unnatürlich wirkt, zeichnen Sie sie immer wieder, vielleicht auch mal aus einer anderen Perspektive, um erkennen zu können, wo der Fehler gegebenenfalls liegt. Lassen Sie so viele Details wie möglich aus, um sich auf das Wesentliche konzentrieren zu können. Ein Grafitstift eignet sich besonders gut dafür, vor allem für größere Skizzen, da Sie mit ihm großflächig und schnell arbeiten können. Ein Bleistift kann auch ausreichen; welchen Härtegrad Sie dafür verwenden, bleibt Ihnen überlassen. Wählen Sie einfach einen Härtegrad, mit dem Sie gut zurecht kommen. Steigern Sie den Anspruch der Studien langsam, nehmen Sie sich nach und nach schwierigere Stellungen des Tieres vor und arbeiten Sie diese bis zur Perfektion aus. Sie werden bemerken, dass Sie mit der Zeit immer sicherer beim Zeichnen werden und anfängliche Schwierigkeiten nach eingängigen Studien besser meistern können.

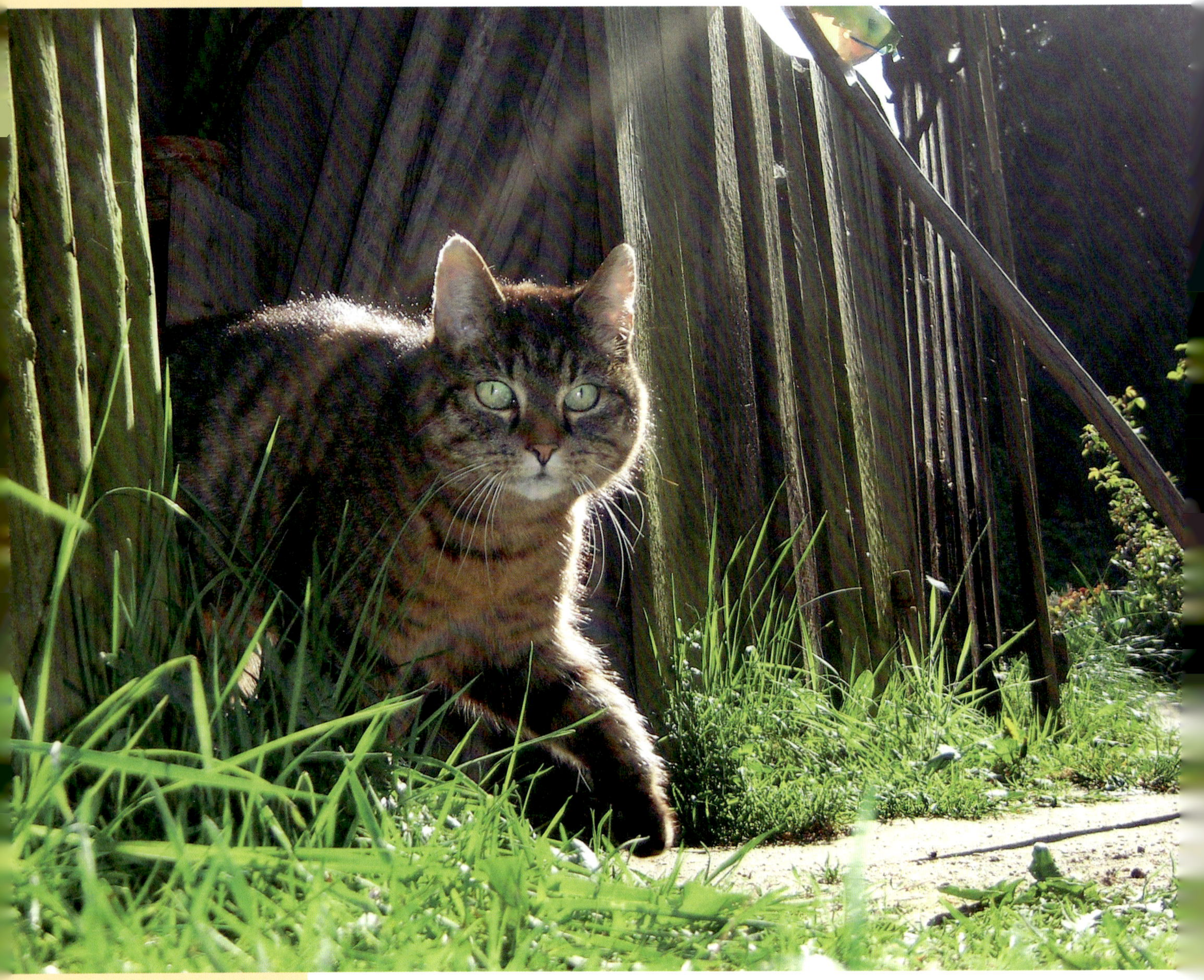

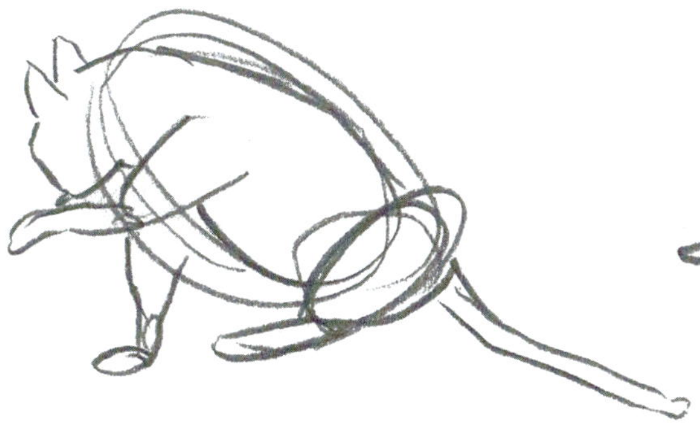

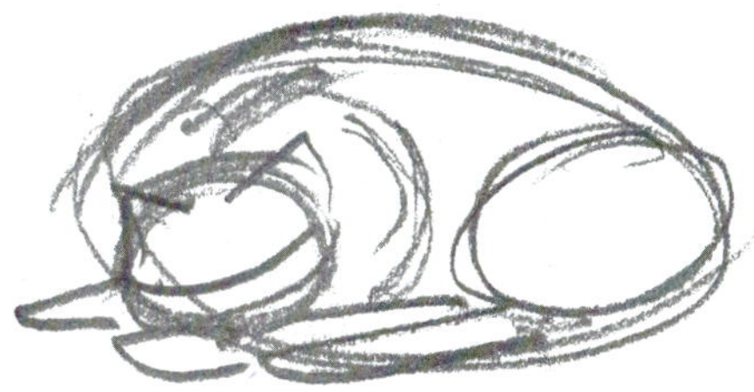

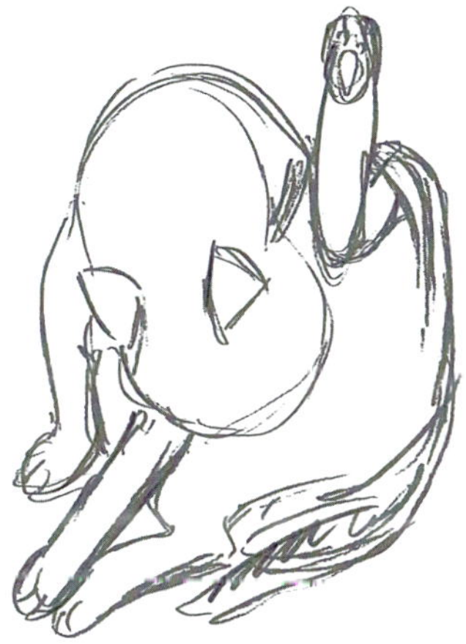

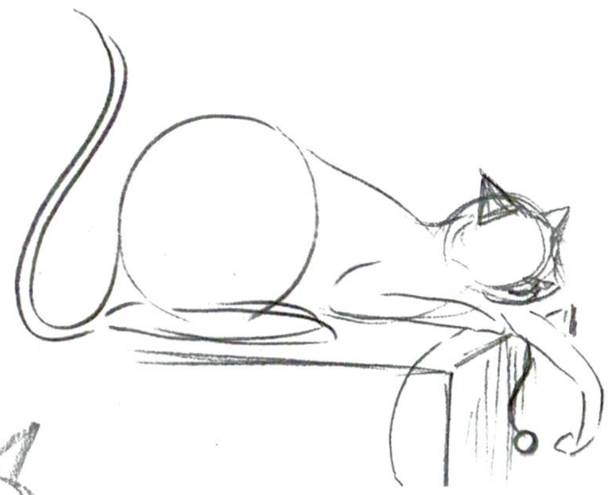

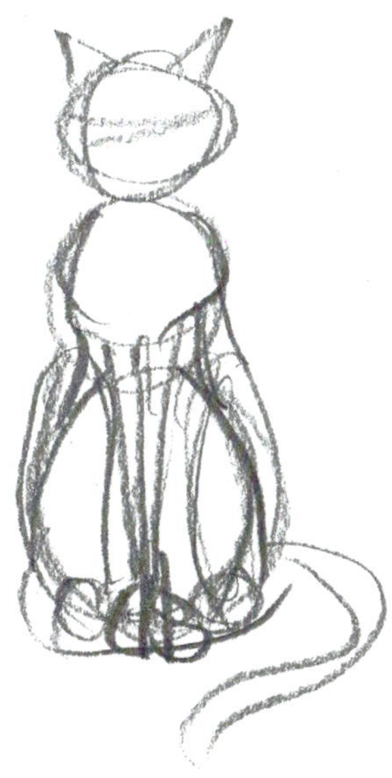

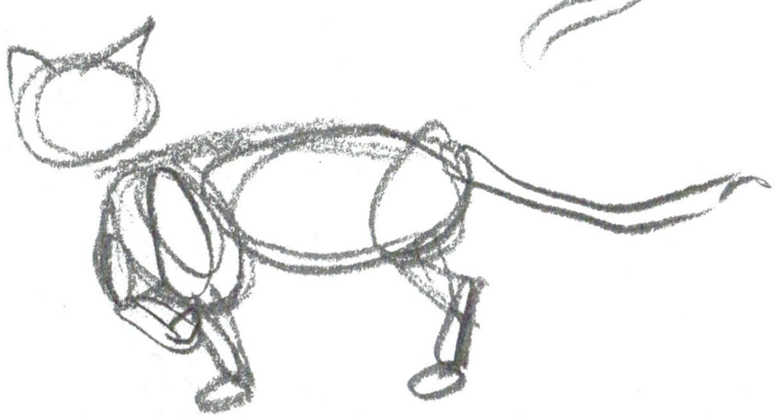

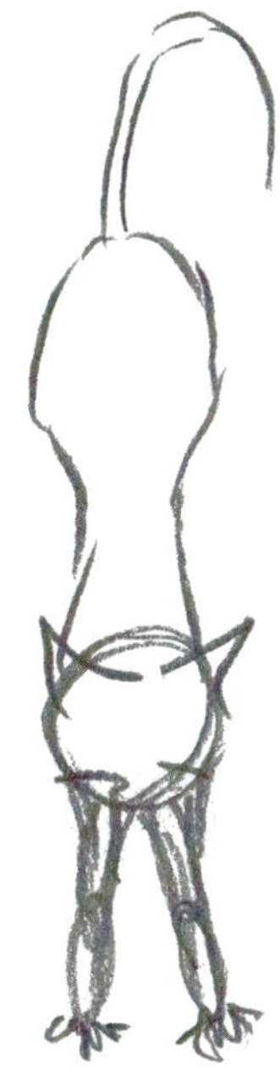

Lassen Sie bei Bewegungsstudien so viele Details wie möglich an dem Motiv aus, um sich auf das Wesentliche konzentrieren zu können: ***die Bewegung!***

Auch das Arbeiten mit Rötel und Kreide kann beim Anlegen einer Bewegungsstudie viele tolle Möglichkeiten bieten, ganz gleich, ob Sie dabei großflächig mit Kreiden zeichnen oder mit Rötelstiften kleinere feine Studien anlegen.
Das Zeichnen mit Pastellkreiden, die es in unterschiedlichen Formen und Größen und in einer Vielzahl an Farbtönen gibt, bietet zahlreiche Möglichkeiten, Plastizität in eine Studie zu bringen. Indem Sie die Farbpigmente mit den Fingern auf dem Papier vermischen und verwischen, können rasch große Flächen gestaltet werden.
Auch das Zeichnen von Schraffuren geht bedeutend schneller, was beim Anlegen von Bewegungsstudien ein wichtiger Faktor ist, da das Objekt der künstlerischen Begierde nur selten in einer Bewegung lange genug verharrt, um es in aller Ruhe wiedergeben zu können. Der ausgeprägte Spielsinn von Katzen kann hier sehr hilfreich sein. Mit einem geeigneten Spielzeug, wie einer Federstange oder einer Spielangel für Katzen, lassen sich die kleinen Jäger besonders gut in Pose rücken, halten und dazu verleiten, bestimmte Positionen zu wiederholen. Um sich dabei voll auf das Zeichnen konzentrieren zu können, kann eine weitere Person hinzugeholt werden. Ihr kleiner pelziger Freund freut sich obendrein sicher über die zusätzliche Aufmerksamkeit.

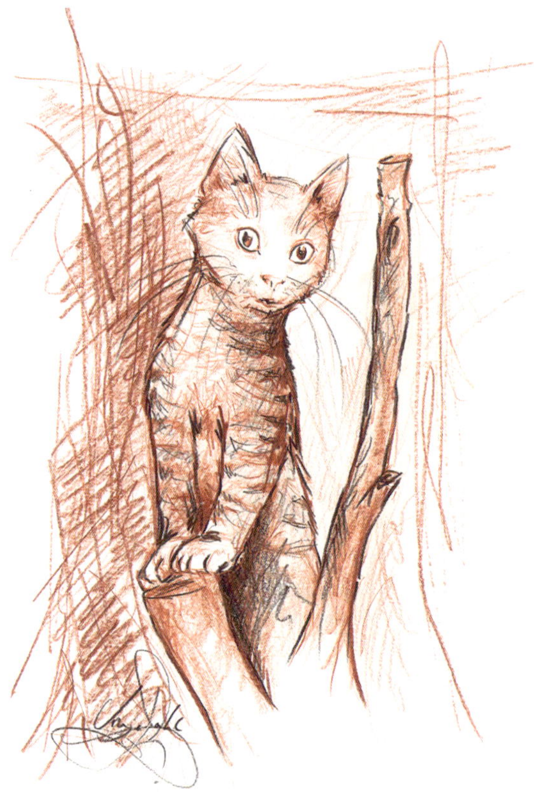

Mit Rötel und Kreiden können Sie einfach ausdrucksstarke, plastische Skizzen und Studien anfertigen.

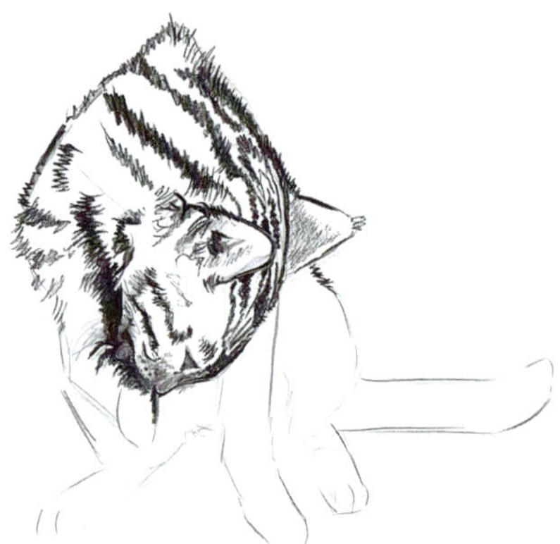

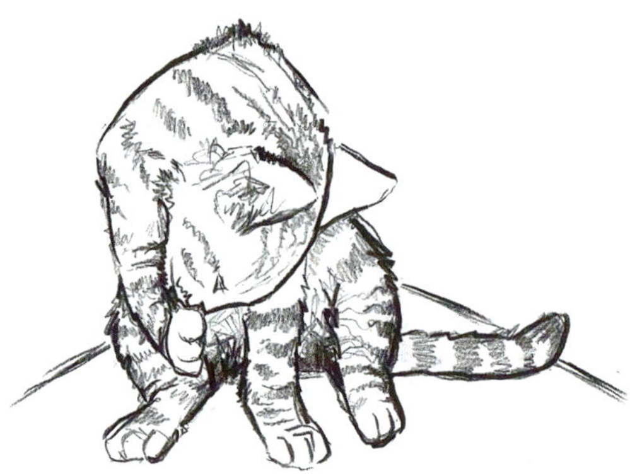

Mit Kreiden lassen sich schnell größere Flächen gestalten, z. B. durch das Anlegen einer Schraffur.

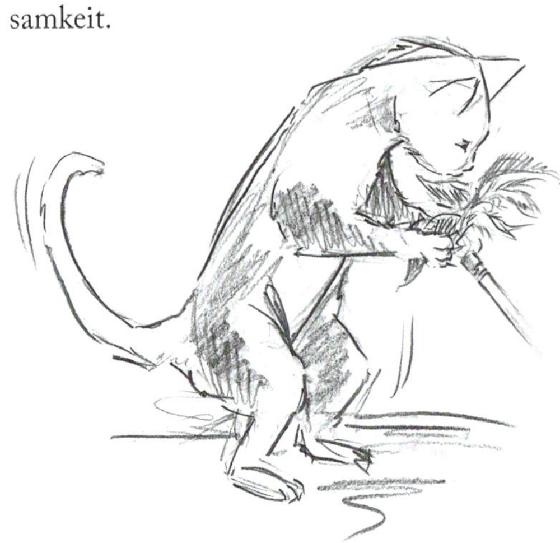

Mit einer Federstange oder einer Spielangel kann die Katze spielerisch in Pose gerückt werden.

Das Anlegen eines Studienhefts

Das Anlegen eines Studienhefts oder -buchs ist eine besonders schöne Form, die eigene Weiterentwicklung festzuhalten. Sie können ein kleines Format wählen, das sich hervorragend dafür eignet, auch unterwegs überall schnell zum Stift zu greifen. Oder Sie wählen ein größeres Format, um nach und nach detaillierte Zeichnungen zusammenzutragen.

Es gibt Bücher mit Leerseiten in allen Ausführungen und Preisklassen z.B. im Künstlerfachhandel zu kaufen. Sollten Sie zunächst beim Zeichnen etwas unsicher sein, arbeiten Sie mit feinen, leicht wegzuradierenden Linien. Sobald dann im Laufe der Zeit einige schöne Zeichnungen entstanden sind, werden Sie auch selbstsicherer.

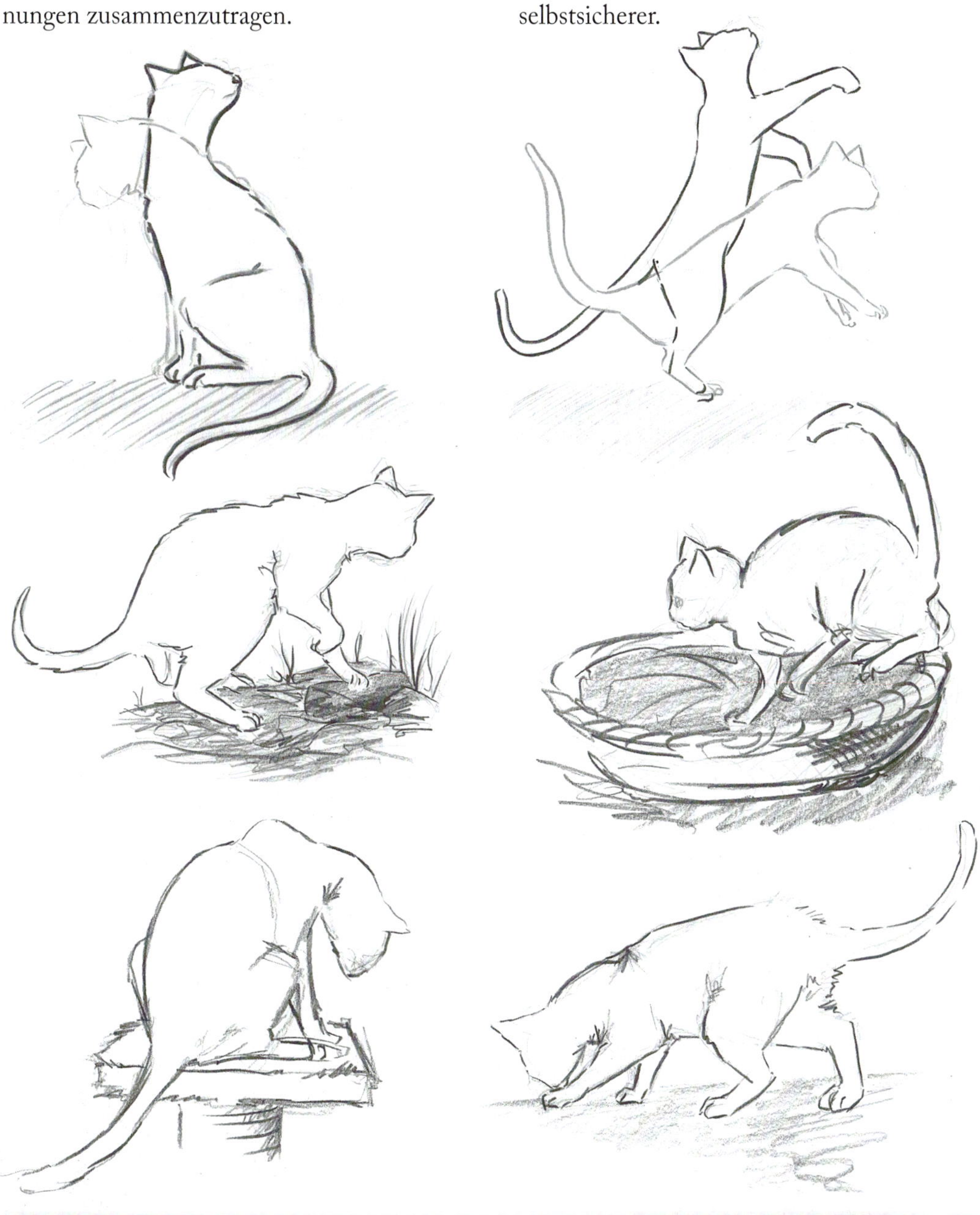

In einem Studienheft lässt sich die eigene Weiterentwicklung gut festhalten.

Aufgabe: Beobachten Sie die Katze, und halten Sie ihre Bewegungen mit wenigen Linien fest. Arbeiten Sie schwierige Bereiche detailliert aus.

Zeichentechnik und Bildaufteilung

Die Zeichentechniken

Skizzieren

Unter Skizzieren versteht man das schnelle Festhalten eines Motivs, bevor es mit anderen Techniken, wie zum Beispiel dem Schattieren, weiter ausgearbeitet wird. Die Form wird zunächst mit schwungvollen Linien nur grob vorgegeben. Dabei werden oft mehrere Linien nebeneinander gezeichnet, aus denen dann die Ideallinie herausfokussiert wird. Details werden erst später eingefügt. Beim Anlegen von Studien dient das Skizzieren als Arbeitsgrundlage. Skizzen können mit Bleistift, Grafitstiften oder auch mit Tusche oder Rötel angelegt werden. Oft entstehen schon beim Skizzieren so schöne Zeichnungen, dass die Ergebnisse bereits kleine Kunstwerke sind.

Schattieren

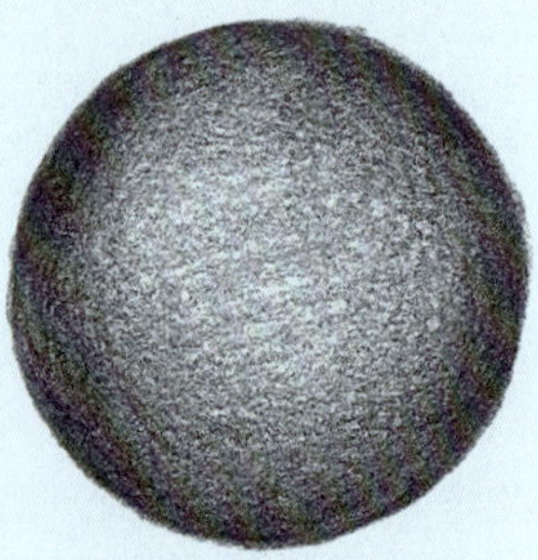

weicher Übergang

Mit einer Schattierung verleihen Sie der Zeichnung die nötige Tiefe. Dabei werden dunkle Bildpartien entsprechend kräftig angelegt, während helle Bildbereiche nur leicht oder gar nicht mit Struktur versehen werden. Die Schattierung kann mit unterschiedlichen Techniken angelegt werden. Die gebräuchlichste Form ist der weiche Übergang, der gut für das Arbeiten mit Bleistift oder Kohle- und Grafitstift geeignet ist. Dabei wird der Stift flach gehalten, sodass ein eher flächiger Farbauftrag entsteht.

Weitere Techniken, um Flächen zu schattieren, sind das Punktieren, das Schraffieren und das Lavieren. Bei der Arbeit mit Tusche stellen das Punktieren und Schraffieren die einzigen Techniken zum Abdunkeln von Flächen dar.

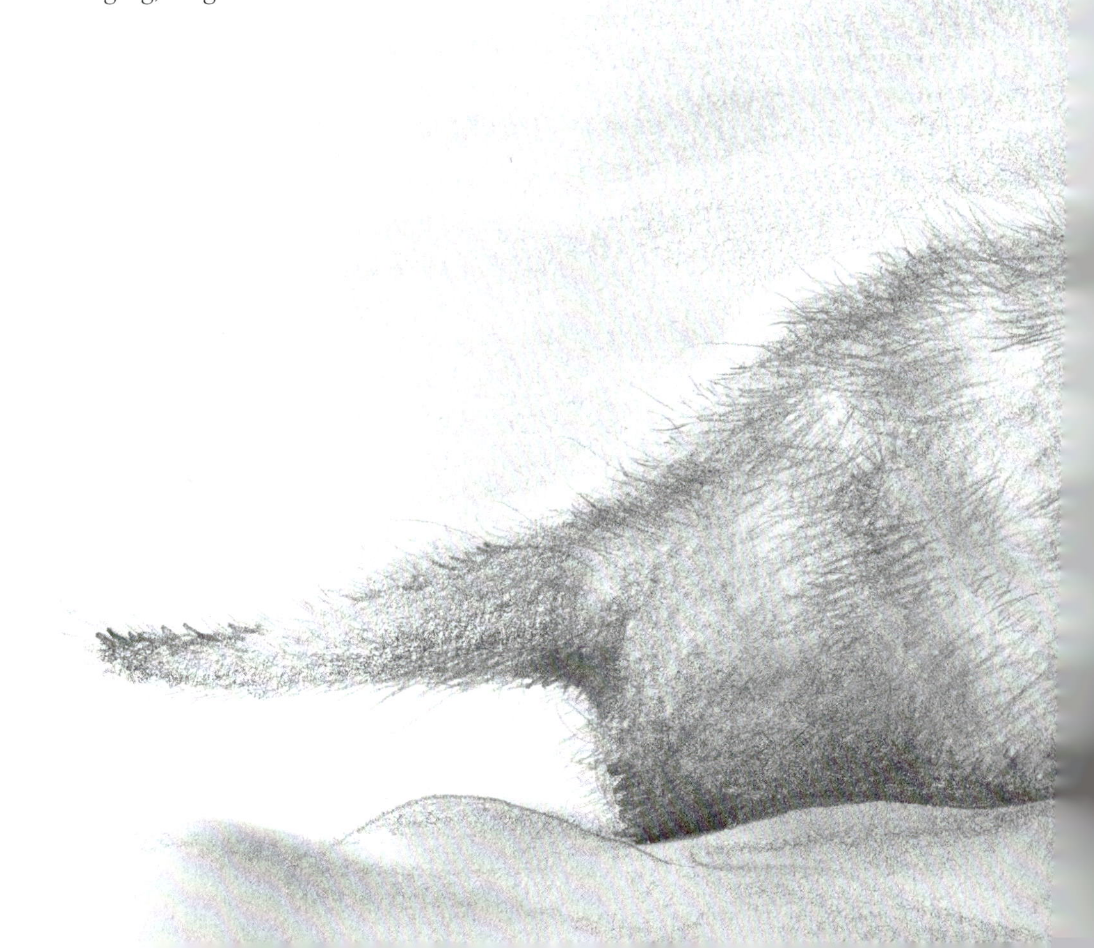

Schraffieren

Als Schraffur bezeichnet man das Anlegen einer Fläche mit zahlreichen, nebeneinander gezeichneten Linien. Sie dient der Schattierung beim Arbeiten mit Tusche oder beim raschen Skizzieren mit Blei- oder Grafitstiften. Eine Schraffur kann in nur einer Richtung verlaufen (horizontal, vertikal oder diagonal), oder sie kann zweifach, beziehungsweise vierfach überkreuzt angelegt werden. Noch komplexere Schraffuren können in alle Richtungen, beliebig im Abdunklungsgrad, erweitert werden. Wild angelegte Tuscheschraffuren verleihen einer Zeichnung einen starken und stilvollen Charakter. Je dichter die Linien neben- und oder übereinander gezeichnet werden, desto intensiver wird die Schattierung. Dabei müssen die Schraffurlinien keineswegs gerade sein, sondern können mit schwungvollem Verlauf gezeichnet werden. Folgt man dabei der Form und Richtung von Fellpartien, entsteht eine schöne und komplexe Oberfläche. Wird die Länge der Linien zum helleren Bereich hin verkürzt, entstehen feine, eigenständige Flächen, die weich auslaufen.

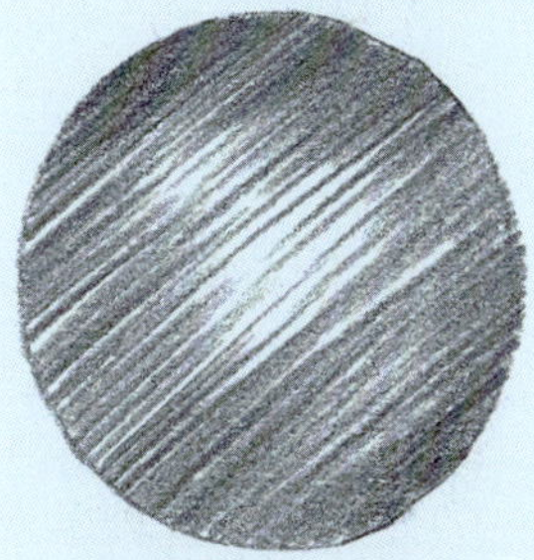

einfache Schraffur

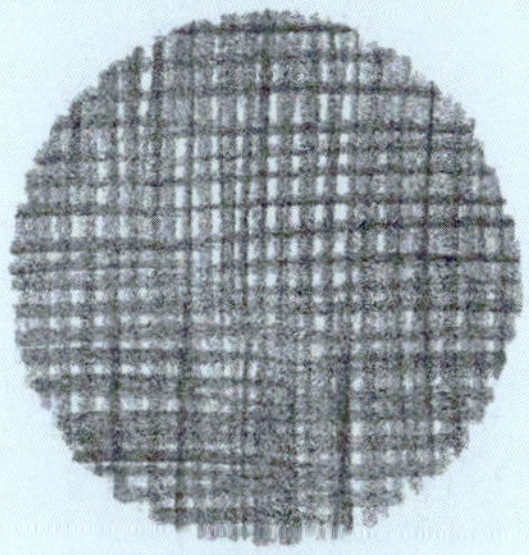

zweifache Schraffur

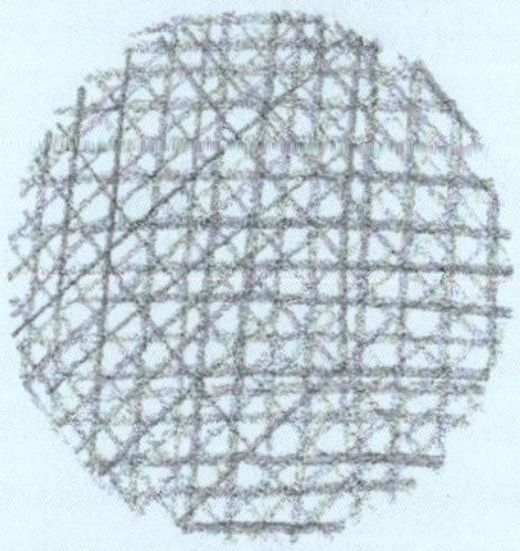

vierfache Schraffur

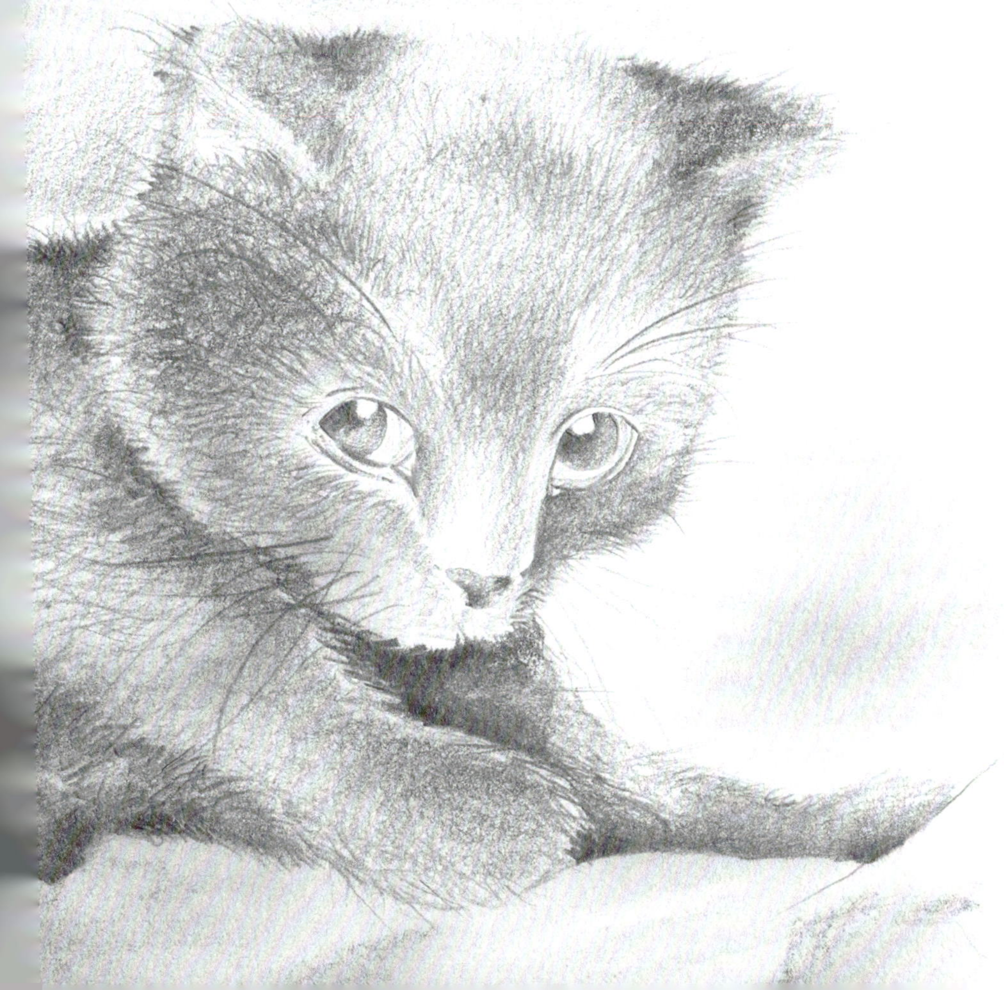

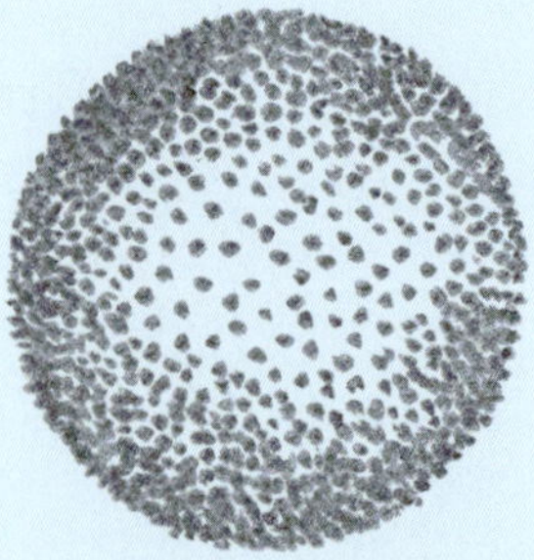

Punktieren

Punktieren

Das Punktieren bezeichnet die Wiedergabe von Flächen nur durch Punkte. Hierbei wird meist mit einem Tuschestift, wie er auch zum Technischen Zeichnen verwendet wird, gearbeitet. Das Punktieren ist eine sehr aufwendige Technik und nimmt entsprechend viel Zeit in Anspruch. Die Ergebnisse sind dafür aber auch einzigartig. Die Intensität der Schattierung hängt von der Dichte der Punkte ab. Je mehr Punkte dicht nebeneinander gezeichnet werden, desto dunkler wirkt die Fläche. Je größer der Abstand der einzelnen Punkte zueinander ist, desto heller wirkt die Fläche.

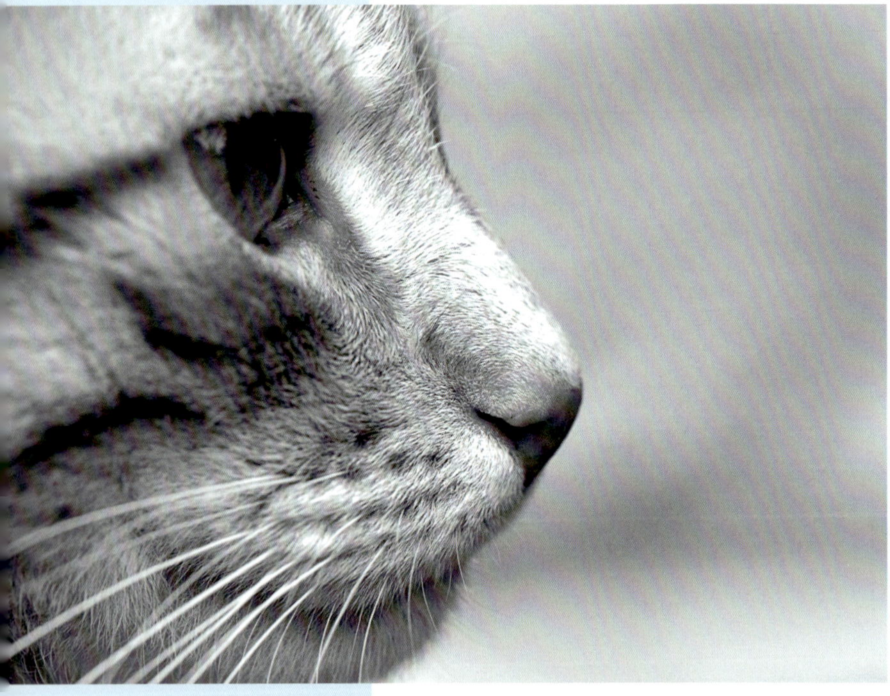

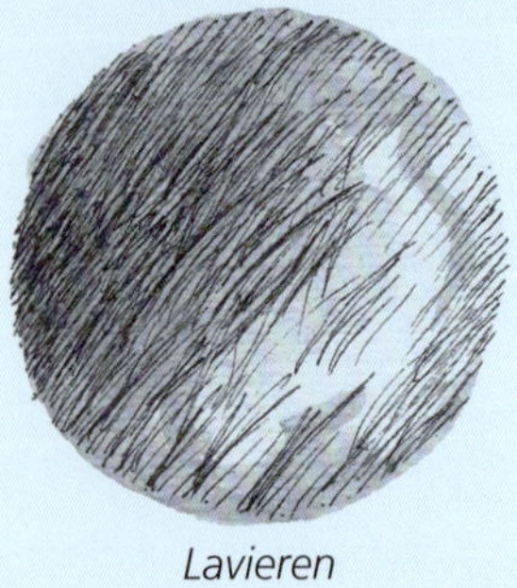

Lavieren

Lavieren

Das Lavieren ist eine Technik, die es ermöglicht, etwas Härte aus einer Tuschezeichnung zu nehmen. Hierbei wird eine bereits gut durchgetrocknete Tuschezeichnung mit Wasser vermalt. Dafür verwendet man in der Regel einen sehr dicken Pinsel und wenig Wasser. Arbeitet man mit wasserunlöslich auftrocknender Tusche, kann die Zeichnung mit stark verdünnter Tusche laviert werden. Die Papierwahl sollte vor dem Zeichnen auf ein für die Tuschezeichnung geeignetes Aquarellpapier fallen, damit sich das Blatt beim Lavieren nicht wellt. Bei falscher Papierwahl (stark saugendes Papier) verläuft die Tusche bereits beim Zeichnen, und die Zeichnung kann nicht gelingen.

Aufgabe: Machen Sie sich mit den unterschiedlichen Techniken vertraut, und wenden Sie diese bei einer Skizze an.

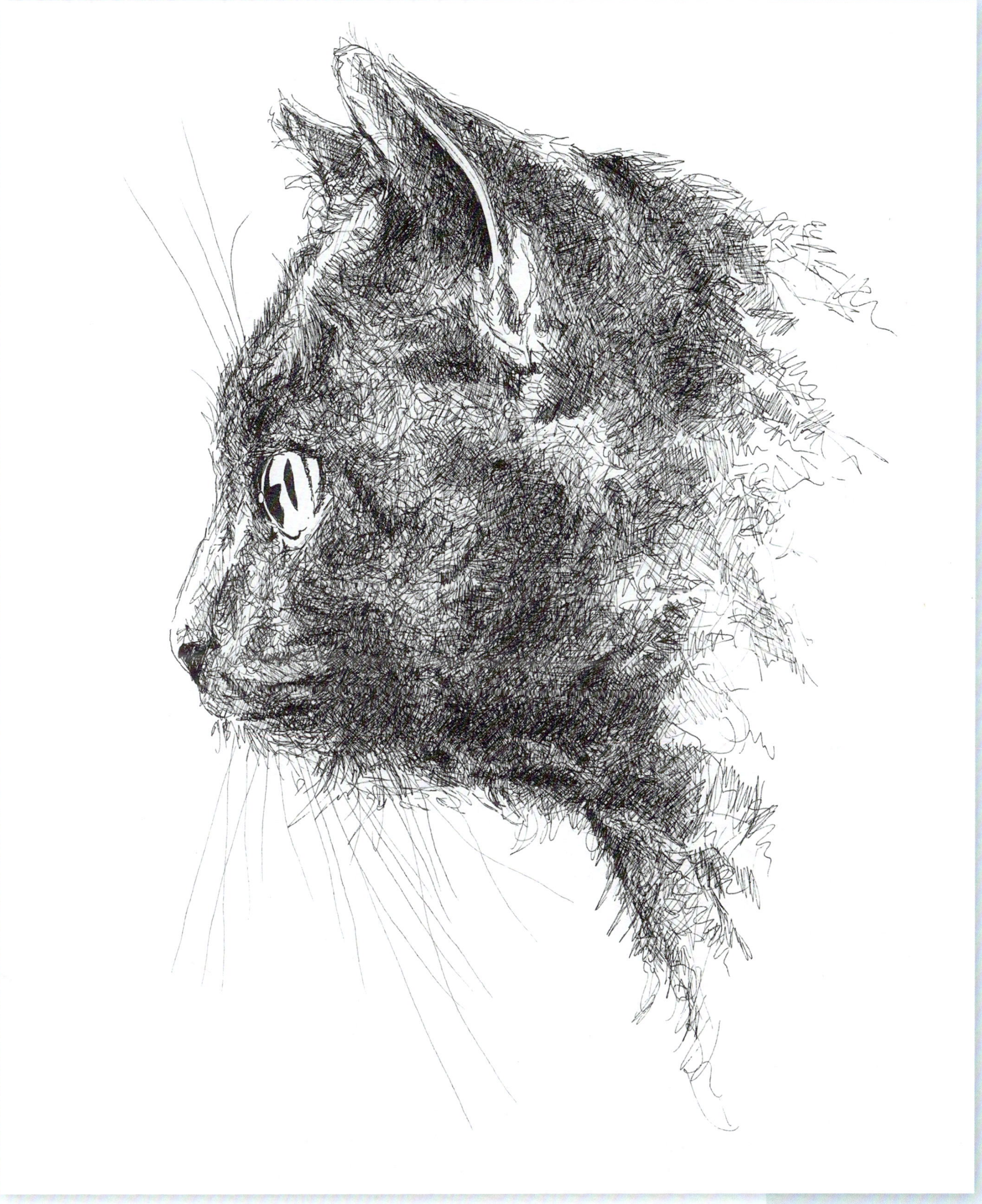

Schraffuren können durchaus wild und scheinbar unstrukturiert angewendet werden.

Übungsbild: Weiße Katze in Negativtechnik

Material:
- *Zeichenpapier*
- *Bleistift, Härtegrade HB, 1B und 4B*
- *Radiergummi*
- *Anspitzer*

Tipp
Beginnen Sie die Zeichnung mit zarten, dünnen Linien, die Sie leicht wegradieren können. So können Sie gut korrigieren.

Bei diesem Übungsbild wird die weiße Katze weitgehend ausgespart und durch Abschattieren des Hintergrunds hervorgehoben (Negativtechnik). Mit zarten Schraffuren und Schattierungen kommt das weiße Katzenfell besonders gut zur Geltung. Skizzieren Sie zunächst mit dünnen, zarten Linien die Umrisse der Katze und den Hintergrund. Benutzen Sie dafür einen Bleistift mit Härtegrad HB, wobei Sie nicht zu stark aufdrücken. Alle überschüssigen Linien radieren Sie weg und korrigieren falls nötig, bis Sie mit dem Ergebnis zufrieden sind.
Mit einem etwas weicheren Bleistift der Stärke 1B beginnen Sie nun, die Pflanze, den Blumentopf und das Regal grob zu schattieren. Die Spitze des Bleistifts darf dabei ruhig etwas stumpfer sein, damit weiche, breitere Linien entstehen Im Anschluss entsteht durch mehrfaches Übermalen eine übergangslose Schattierung, die aber noch ein wenig Struktur besitzt. Die Außenkonturen der Katze werden zunächst noch nicht stärker ausgearbeitet.
Nun verwenden Sie den Bleistift mit dem Härtegrad 4B. Dieser nutzt sich beim Zeichnen schneller ab, weil er viel weicher ist. So entstehen schnell dickere Linien. Sie sollten also darauf achten, zwischendurch immer wieder anzuspitzen. Die Blätterstruktur können Sie mit wenigen Linien verstärken, wobei sich dann auch hellere und dunklere Bereiche optisch voneinander trennen.
Um den helleren Hintergrund anzulegen, verwenden Sie jetzt wieder den Bleistift mit der Stärke 1B.
Ziehen Sie nun lange, dünne Linien, wobei Sie die Bleistiftspitze an den äußeren Konturen des Katzenfells ansetzen und in den Hintergrund weich auslaufen lassen. Wiederholen Sie diesen Schritt so lange, bis eine zarte, fast übergangslose Schraffur entstanden ist.
Abschließend arbeiten Sie das feine Katzenfell aus. Dafür spitzen Sie den Bleistift zwischendurch immer wieder an, um möglichst dünne Härchen einzeichnen zu können.

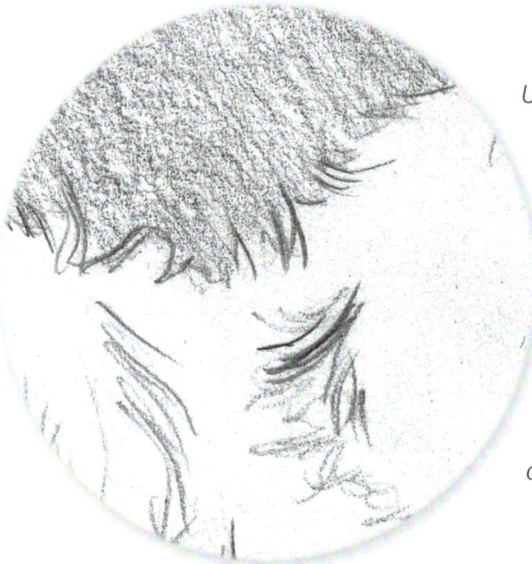

Um eine schöne Fellstruktur wiederzugeben, werden in einzelnen Partien Haarlinien eingezeichnet. Hierbei ist es wichtig, die Fellrichtung, also die Richtung, in der das Fell gewachsen ist, zu berücksichtigen. Die Konturen, bei dieser Abbildung Hals und Schulter, können somit deutlicher hervorgehoben werden, ohne dass dabei mit einer harten Konturlinie gearbeitet werden muss. Wichtig bei der Negativtechnik ist dabei, zunächst die dunkleren Bereiche fein abgrenzend zu den helleren Flächen auszuarbeiten und im Anschluss die Stellen abzudunkeln, an denen die beiden Bereiche aufeinandertreffen.

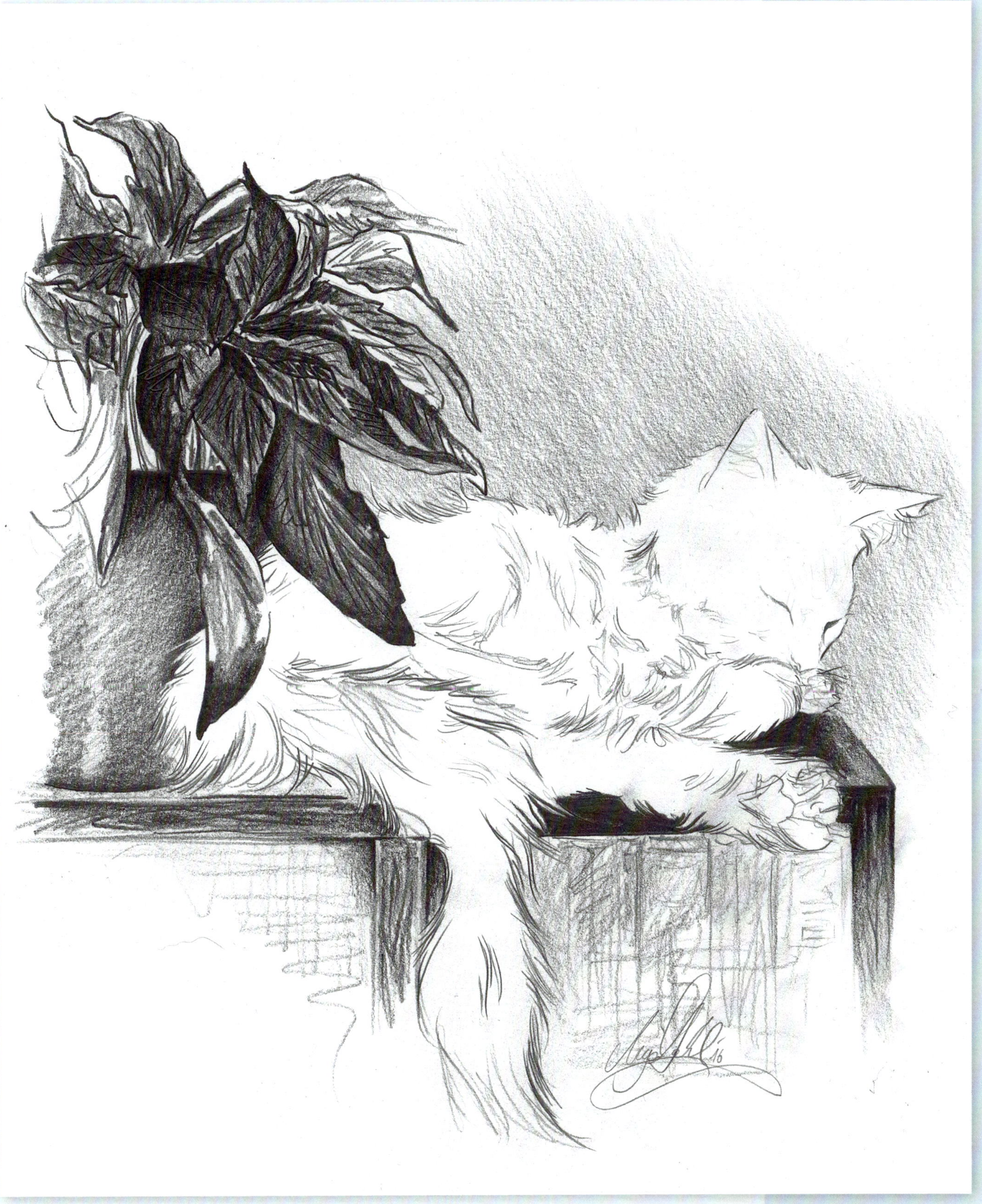

Die vereinfachte Umwandlung in Formen und Flächen erleichtert dem Auge die Umsetzung von dreidimensionalen Objekten in zweidimensionale Flächen.

Die Bildreduktion in Formen und Flächen

Die Komplexität eines Motivs kann den Zeichner bei der grafischen Umsetzung durchaus überfordern. Dann ist es hilfreich, mit der analytischen Betrachtungsweise eines Mathematikers an das Motiv heranzugehen. Denken Sie sich die Struktur des Fells und die vielen Details weg, und sehen Sie nur die grobe Forme der Katze, so, wie Sie beim Anlegen einer Studie oder beim schnellen Skizzieren vorgehen. Versuchen Sie nur in Quadraten, Rechtecken, Kreisen und Dreiecken zu denken. So teilen Sie die Katze in Formen und Flächen auf und wandeln ein dreidimensionales Gebilde in zweidimensionale Flächen um. Dabei hat der Körper einer Katze meist die Form eines Ovals oder Trapezes, während der Kopf die Form eines Kreises hat und die Ohren als Dreiecke wiedergegeben werden können. Anschließend können Sie weitere typische Linien, wie das Maul, Fellmuster oder die Richtung von Fellstrukturen einzeichnen. Suchen Sie sich dann schwierigere Partien aus, die Sie schrittweise vergrößert und detaillierter wiedergeben. Mit verschiedenen Schraffuren arbeiten Sie dabei Schattierungen und Strukturen aus.

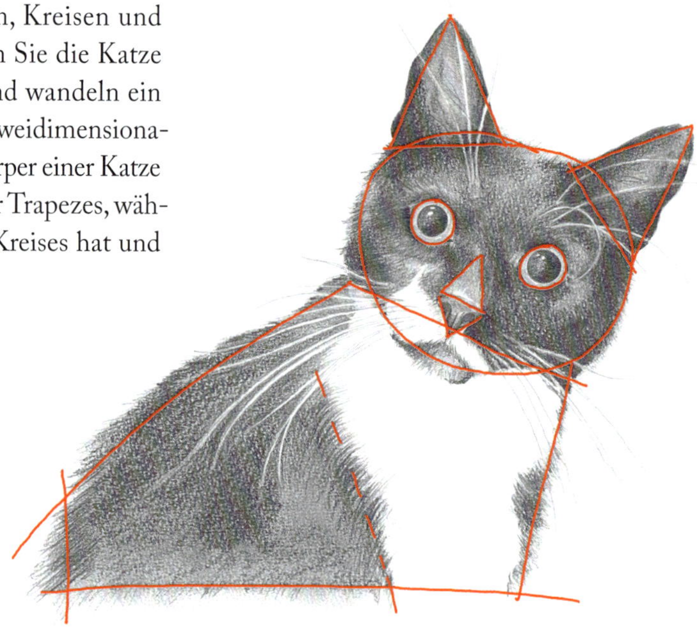

Beginnen Sie beim Skizzieren mit einfachen Formen, wie Kreisen, Dreiecken und Quadraten. Arbeiten Sie dann schrittweise mit verschiedenen Schraffuren, Schattierungen und Strukturen die einzelnen Partien aus.

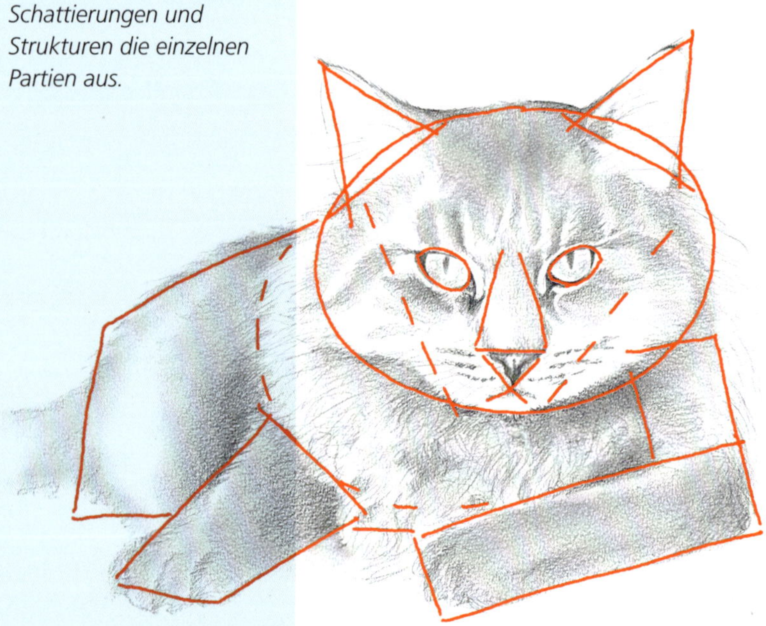

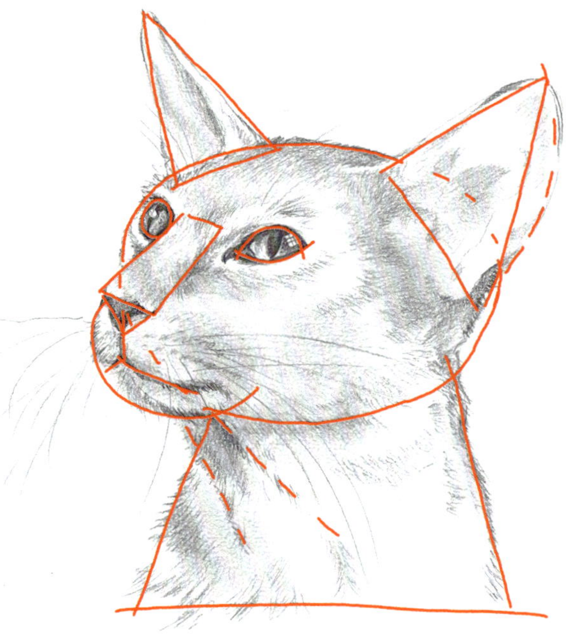

Das Rasterprinzip

Um eine Zeichnung so realistisch wie möglich umzusetzen, hilft das Arbeiten mit dem Rasterprinzip. In vielen Schulen gehört das Arbeiten mit einem Raster zum Lehrplan im Kunstunterricht. Es hilft dabei, Sicherheit bei der Umsetzung eines Motivs zu gewinnen. Das Prinzip beim Zeichnen mit einem Raster ist, jeweils nur kleine Bereiche zu bearbeiten.

Das Raster kann direkt auf ein Foto gezeichnet werden, besser aber mit einem Folienstift auf eine klare Folie, die dann mit Klebeband auf dem Foto befestigt wird. Dabei unterteilt das Raster das umzusetzende Motiv in gleichgroße Quadrate, die leichter erfassbar und umzusetzen sind. Die Anzahl der Rasterzellen können Sie je nach Motiv festlegen. Einfache Motive benötigen weniger, komplizierte Motive mehr Rasterzellen. An den Rändern des Rasters kann ein beliebiger Maßstab (z.B. in Zentimetern) eingezeichnet werden.

Indem Sie auf Ihrem Zeichenpapier mit zarten Linien die gleiche Anzahl an Rasterfeldern aufzeichnen wie auf Ihrer Vorlage, können Sie das Motiv auch beliebig vergrößern. Sind die Rasterquadrate auf der Vorlage z.B. 1 x 1 cm groß, und Sie zeichnen die Quadrate auf dem Zeichenpapier 2 x 2 cm groß, wird das Motiv in der doppelten Größe übertragen.

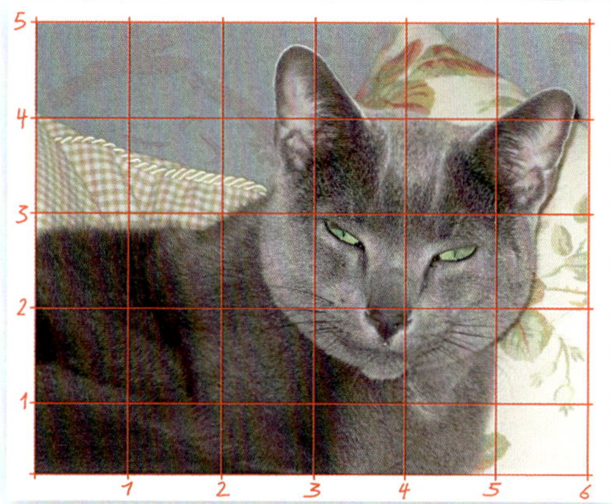

Ein gleichmäßiges Raster wird auf eine Folie gezeichnet und diese über ein Foto gelegt, um das Motiv in viele kleine Quadrate zu unterteilen.

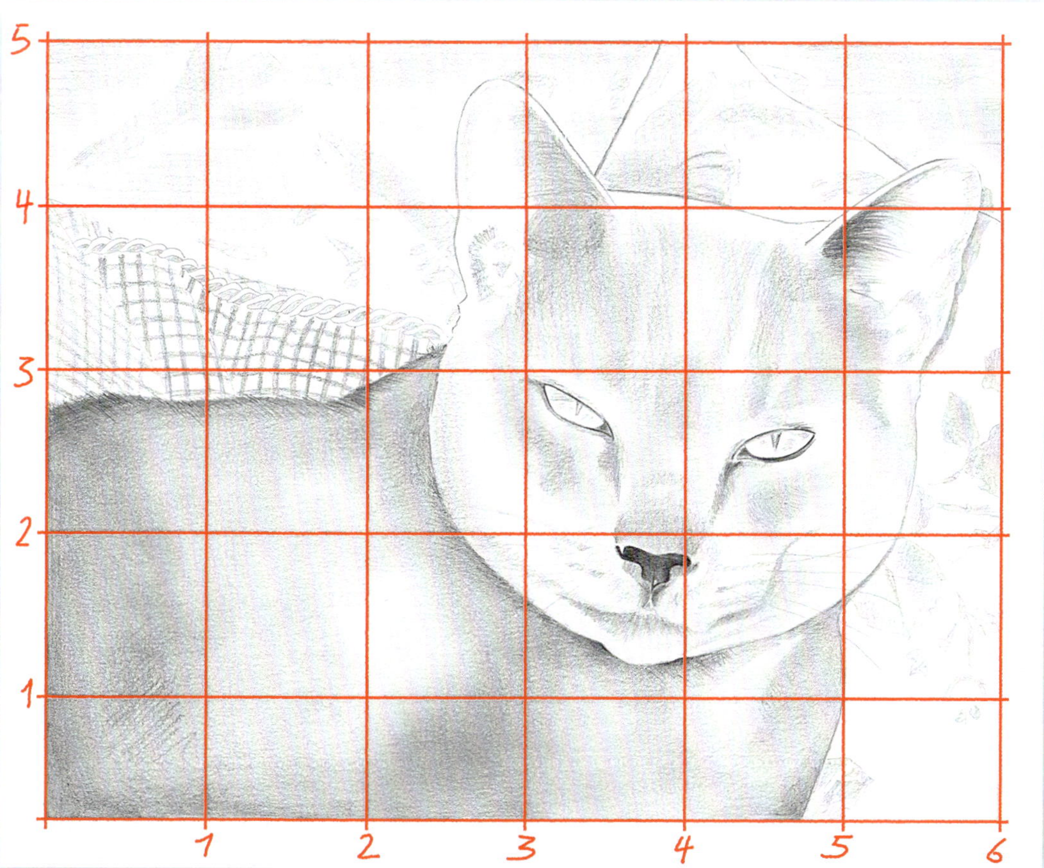

Mit dem Rasterprinzip kann das Foto eins zu eins umgesetzt werden.

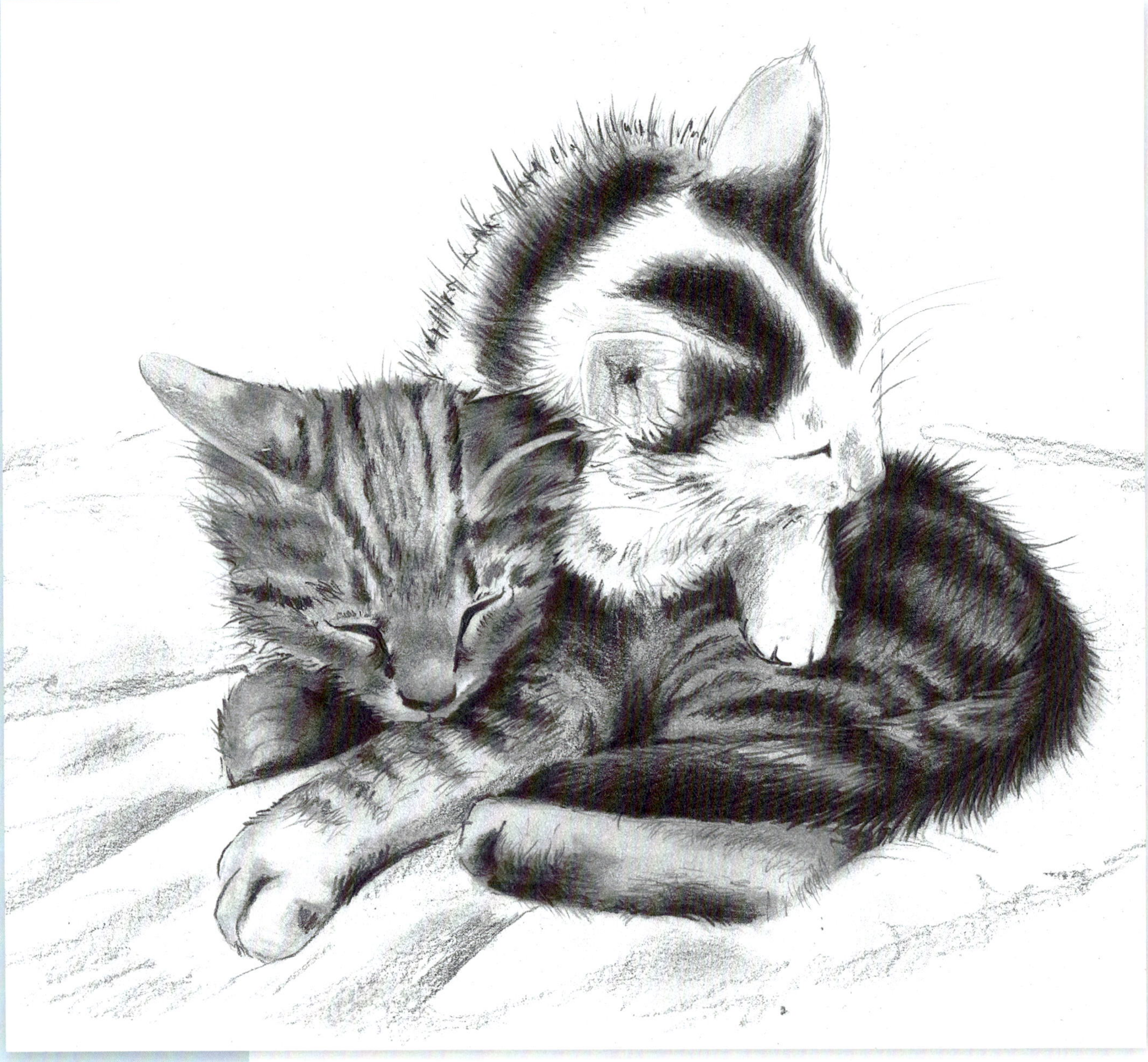

In diesem Beispiel wurden Schraffuren in einer Kombination aus Negativ- und Positivtechnik verwendet.

Die Negativtechnik wird in der Malerei oft bei Arbeiten mit Öl- und Aquarellfarben angewendet, wo es wichtig ist, dunkle von hellen Farben getrennt aufzutragen, um eine gewisse Leuchtkraft zu erreichen oder ein Vermischen der Farben zu verhindern.

Beim Arbeiten mit Bleistift bietet die Negativtechnik hingegen eine wunderschöne Möglichkeit, das auf Intensität von Grauabstufungen basierende Zeichnen eines Motivs durch Aussparen von helleren Flächen zu erweitern. Veranschaulicht wird dies bei dem Übungsbild von Seite 38.

Während beim einfachen Zeichnen ein Motiv entsteht, indem es durch Striche wiedergegeben wird, wird bei der Negativtechnik der Bereich um das Motiv soweit abgedunkelt, dass diese Außenkonturen das Motiv entstehen lassen. Dies kann entweder mittels Schraffuren oder durch Abschattieren erfolgen. Diese Technik kommt besonders gut bei Tuschezeichnungen zur Geltung (siehe Abb. rechts).

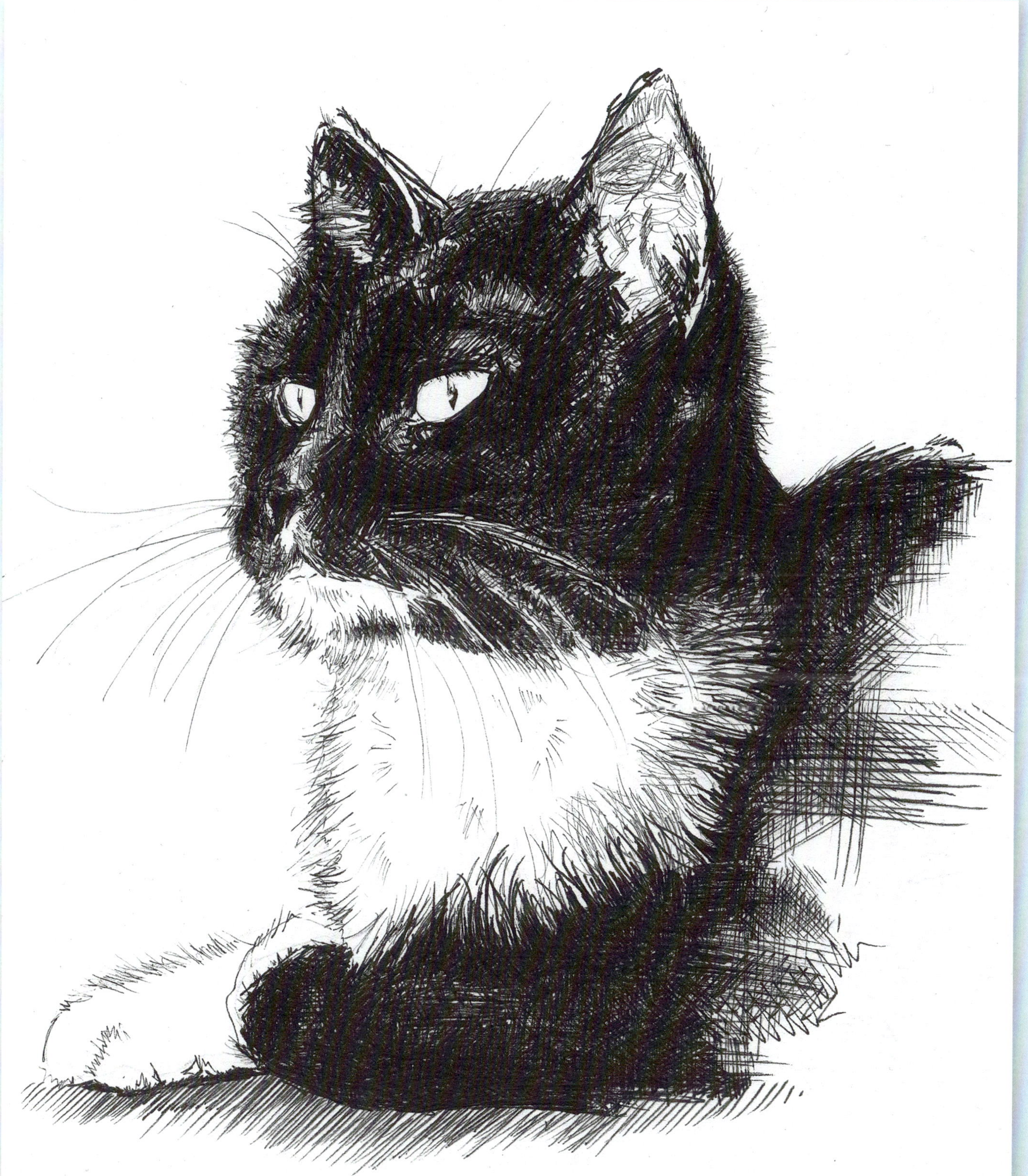

Im Gegensatz zur Abbildung auf Seite 37 sind die Schraffuren hier geordnet und strukturiert angewendet sowie mit der Negativ- und der Positivtechnik kombiniert.

Lebendige Katzenzeichnungen

Übungsbild in Schrittfolge: Weiße Katze

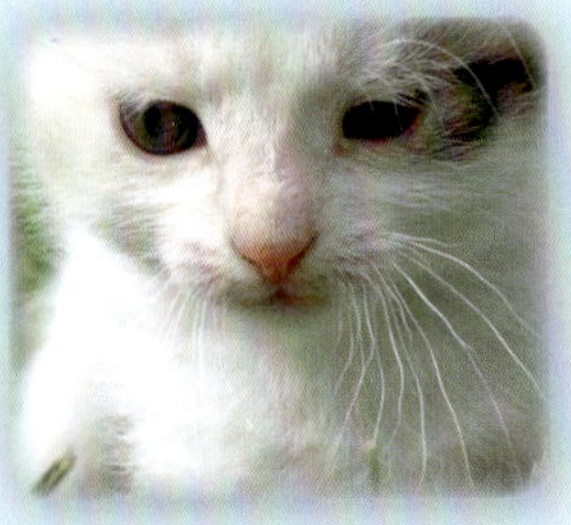

Material:
- Tonpapier in Schwarz, DIN A3
- Bleistift, Härtegrad HB
- Kreidestift in Weiß
- Kohlestift (ungebrannt)
- Minenschärfer oder Schleifpapier
- Knet-Radiergummi
- Fixativ

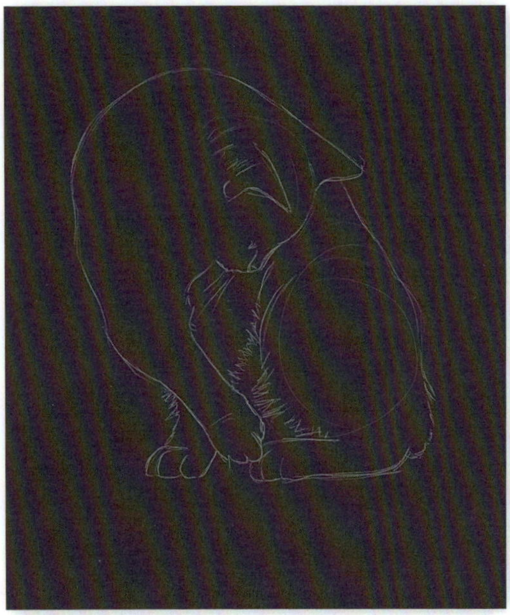

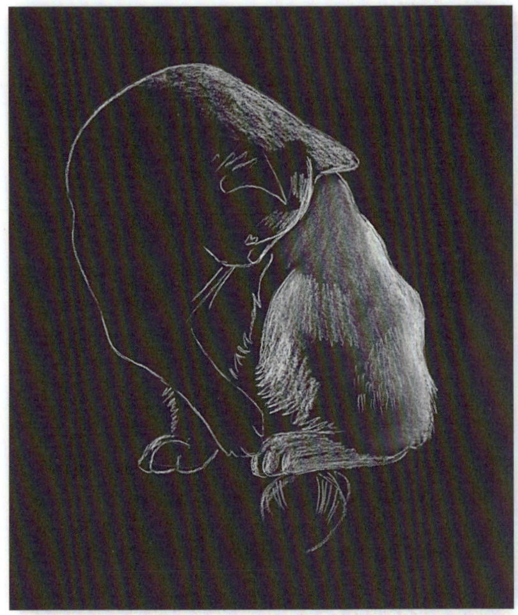

1. Schritt
Die Außenkonturen werden dünn mit dem Bleistift HB auf dem schwarzen Tonpapier vorgezeichnet.

2. Schritt
Zeichnen Sie die vorgezeichneten Konturen mit der weißen Kreide sorgfältig nach.

Schritt 1

Zeichnen Sie mit dem Bleistift die Konturen der Katze auf dem schwarzen Tonpapier dünn vor. Drücken Sie nicht zu stark auf das Papier auf, denn die Rillen, die dabei entstehen würden, lassen sich später nur sehr schwer mit der weißen Kreide verdecken. Alle überschüssigen Bleistiftlinien werden sofort mit dem Knetgummi wegradiert. Achten Sie beim Vorzeichnen auf die richtigen Proportionen der Katze. Das linke Vorderbein verdeckt das rechte Vorderbein. Der Kopf der Katze ist gesenkt und ihr Blick ist auf das Wollknäuel gerichtet, dabei ist nur das linke Auge zu sehen.
Legen Sie nun ein leeres Blatt Papier unter die Hand, mit der Sie zeichnen, damit ein Verwischen der weißen Kreide, während Sie am Bild weiterarbeiten, vermieden wird.

Schritt 2

Jetzt werden die Grundlinien mit der weißen Kreide nachgezeichnet. Arbeiten Sie mit einem spitzen Stift, und spitzen Sie diesen immer wieder mit dem Minenschärfer oder einem Stück Schmirgelpapier nach. Da das Licht von rechts auf die Katze fällt, liegt ihre linke Seite im Schatten. Diese Seite sparen Sie aus, indem Sie die Grundlinien mit der weißen Kreide abschattieren. Im Anschluss verwischen Sie vorsichtig die schattierten Flächen mit den Fingern, bis ein einheitlicher Grauton ohne Flecken entsteht. Radieren Sie gegebenenfalls die Stellen aus, bei denen Sie über die Außenlinie hinaus gewischt haben.
Fixieren Sie die Zeichnung aus einem Abstand von 20 - 30 cm, und lassen Sie sie gut trocknen, bevor Sie mit dem nächsten Schritt fortfahren.

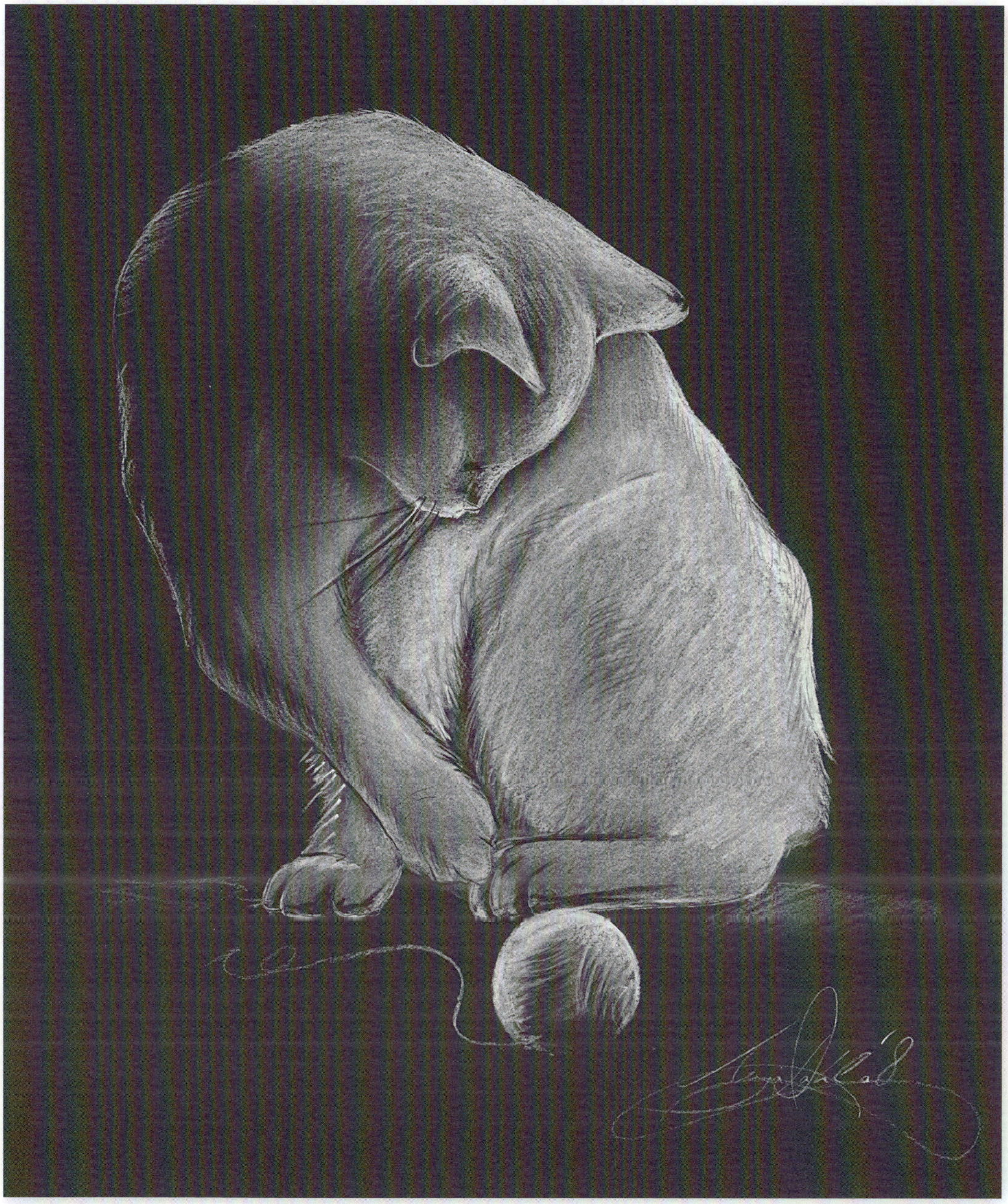

3. Schritt
Erzeugen Sie mit kurzen, schwungvollen Linien die Haarstruktur im Fell.

Schritt 3

Nun zeichnen Sie gleichmäßig mit der Spitze des weißen Kreidestifts viele kurze Linien in die grauen Flächen ein, um eine Fellstruktur zu erzeugen. Die Außenkonturen werden nochmals intensiviert und abschattiert. Dabei sollte die Außenlinie so gleichmäßig in die Schattierung übergehen, dass sie nicht mehr als separate Linie zu erkennen ist. An dieser Linie entlang zeichnen Sie mit einigen kurzen, schwungvollen Linien auch eine Fellstruktur ein. Mit dem schwarzen Kohlestift werden jetzt an den Rändern diese Fellstrukturen und die im Schatten liegenden Fellpartien vereinzelt nochmals überarbeitet und verstärkt. Nun sollten Sie nochmals alle Flecken, die möglicherweise beim Zeichnen auf dem Papier rings um das Motiv entstanden sind, mit dem Knetgummi sauber entfernen.

Abschließend fixieren Sie die Zeichnung erneut und lassen sie gut durchtrocknen.

Übungsbild in Schrittfolge: Katze mit Jungtieren

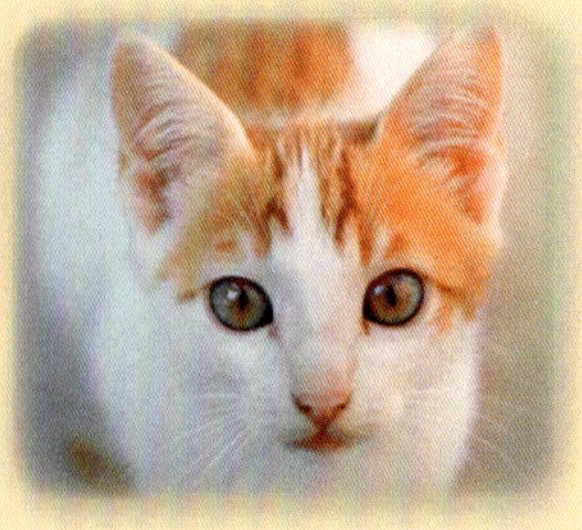

Material:

- *Zeichenpapier in Beige, matt, DIN A3*
- *Rötelstift*
- *Kohlestift*
- *Minenschärfer oder Schmirgelpapier*
- *Knet-Radiergummi*
- *Fixativ*

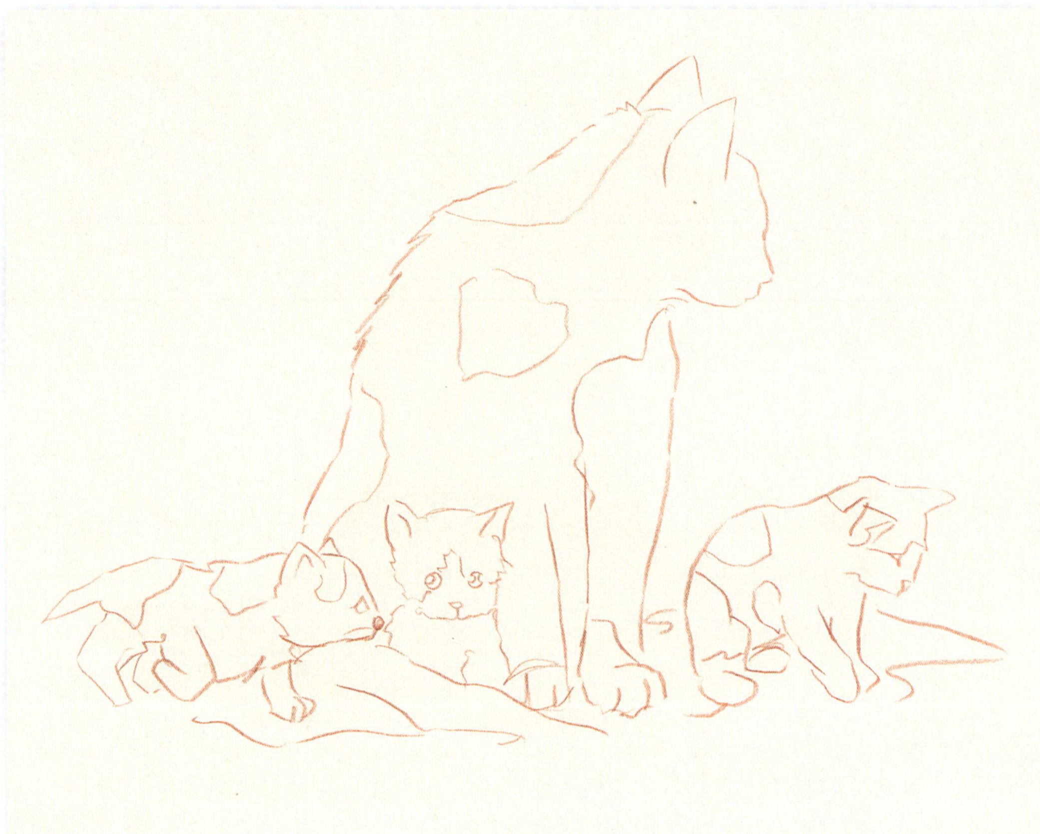

1. Schritt
Die Außenkonturen werden mit dem Rötelstift dünn vorgezeichnet.

Schritt 1

Zeichnen Sie mit dem Rötelstift die Konturen mit schwungvoller Linienführung vor. Diese Zeichnung soll in einem skizzenhaften Stil angelegt werden, daher sollten Sie nicht zu viele Details ausarbeiten. Da sich der weiche Rötelstift schnell abnutzt und die Linien dann zu dick werden, müssen Sie den Stift mit dem Minenschärfer öfter nachspitzen. Die kleinen Katzenbabys haben eine rundliche Körperform, dies ist deutlich bei dem rechts außen sitzenden Jungen zu erkennen. Der Kopf wirkt noch ein wenig zu groß für den Körper, die Proportionen sind noch nicht klar ausdefiniert. Das fleckige Fellmuster zeichnen Sie grob ein. Achten Sie darauf, dass im Gesicht der kleinen Katzenbabys die Fellmusterung eher verhalten eingesetzt wird, da der Ausdruck dadurch schnell zu grob wirken kann. Zeichnen Sie eine Wolldecke als Untergrund mit ein.

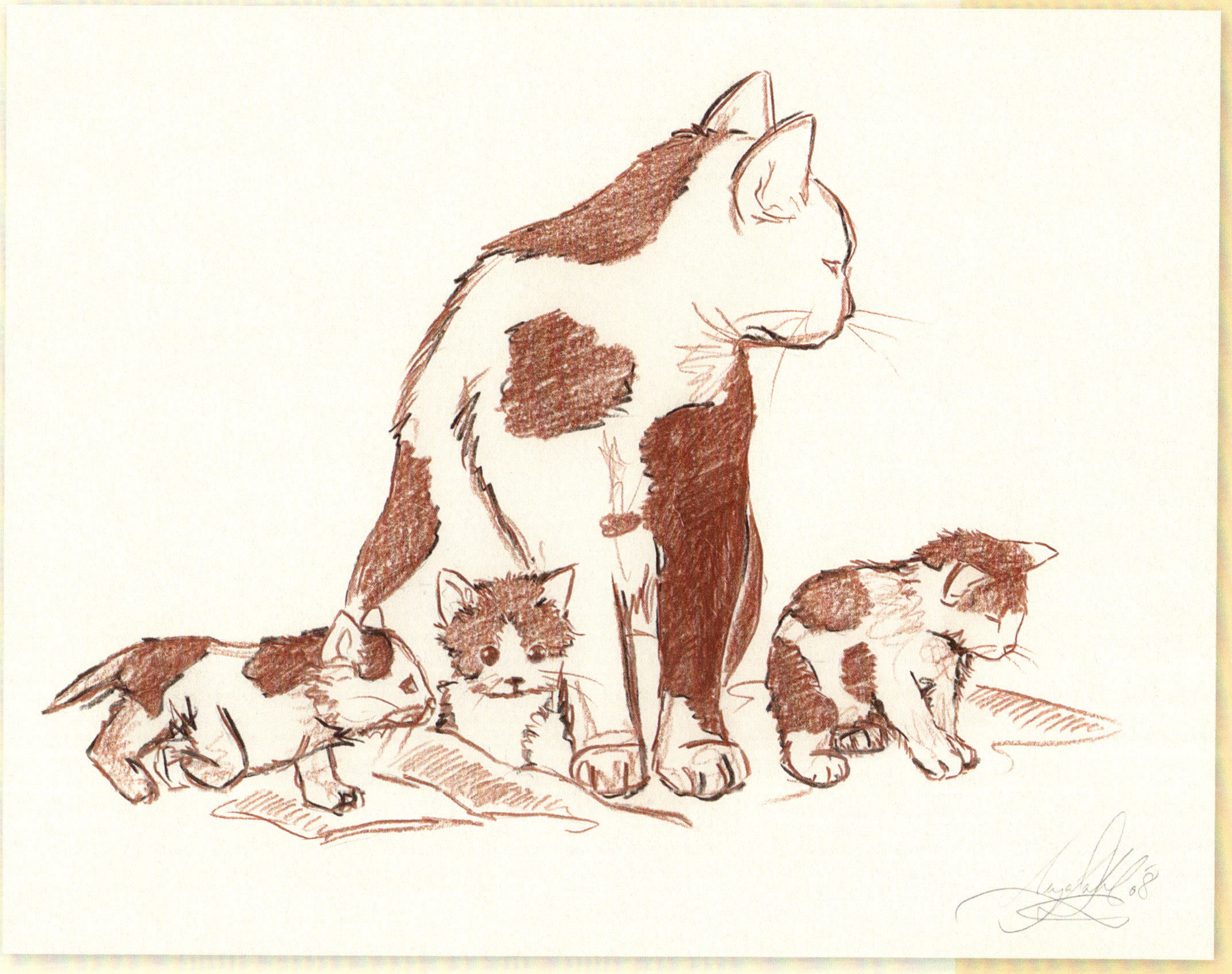

2. Schritt
Das Muster der Katzen wird einheitlich ausgemalt und die Konturen mit dem Kohlestift verstärkt.

Schritt 2

Die Flecken im Fell der Katzen werden einheitlich mit dem Rötelstift ausgemalt, und die Decke wird mit wenigen, einseitig verlaufenden Schraffuren versehen. Überarbeiten Sie jetzt die gesamte Zeichnung nochmals mit dem Rötelstift, um das Bild aufzulockern. Im Anschluss verwenden Sie den schwarzen Kohlestift, um einige der Konturen zu verstärken, wie am Hinterkopf und an den Pfoten des Muttertieres, an den Beinen der Jungtiere und auch an den Köpfchen. Sie müssen dezent neben der Konturlinie zeichnen, da der Kohlestift auf dem Röteluntergrund nicht haftet. Abschließend fixieren Sie das Bild aus 20–30 cm Entfernung und lassen es gut durchtrocknen.

Übungsbild in Schrittfolge: Schlafende Katzen

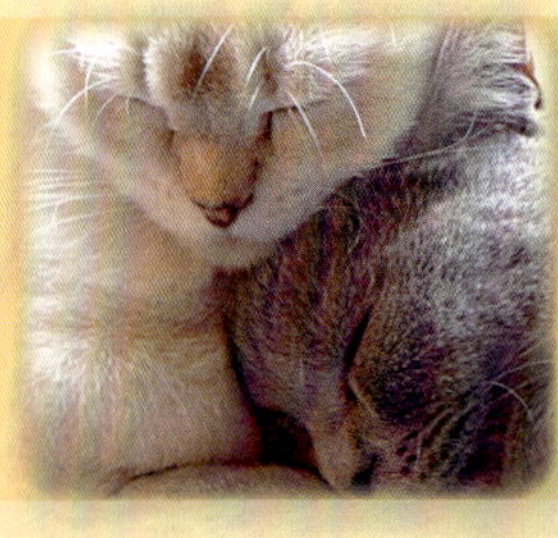

Material:
- *Zeichenpapier, matt, DIN A3*
- *Bleistift, Härtegrad HB*
- *Tuschefüller, Spitze 0,13 mm*
- *Tuschepatrone in Schwarz*
- *Knet-Radiergummi*

Der Hund mag wundervolle Prosa sein, aber nur die Katze ist Poesie.

Französisches Sprichwort

Schritt 1

Zeichnen Sie mit dem Bleistift HB vorsichtig und nur leicht die Konturen vor. Achten Sie auf die Abstände der einzelnen Linien zueinander. So verläuft z.B. im Gesicht der linken Katze eine kurze Linie, die den Nasenrücken andeutet. Direkt daneben befindet sich das geschlossene Auge, welches ebenfalls nur durch eine kleine Linie angedeutet wird. Die Außenkonturen sind teilweise als gezackte und teilweise als gerade Linien gezeichnet. Das Ohr der linken Katze wird mit einem Oval wiedergegeben, da es perspektivisch zum Betrachter zeigt. Zeichnen Sie einige Härchen mit in das Ohr ein, dies wiederholen Sie auch noch einmal bei der rechten Katze. Die Vorderbeine der rechten Katze sind nicht sichtbar, nur eines der Hinterbeine ist im Vordergrund zu sehen.

Schritt 2

Nun zeichnen Sie mit dem Tuschefüller die Außenkonturen der Katzen nach. Die Linienführung sollte dabei unregelmäßig und gezackt sein, um eine Fellstruktur zu erzielen. Wenn die Bleistiftlinien durchscheinen, radieren Sie diese mit dem Knetgummi so weit aus, dass Sie die Linien nur noch schemenhaft erkennen können. Im Gesicht der rechten Katze zeichnen Sie vorsichtig zwei halbe Dreiecke ein, deren Linien vom Ohr zur Stirn führen. Die geschlossenen Augen, die nur durch zwei Striche angedeutet werden, verdicken Sie ein wenig, damit sie sich mehr abheben. Beginnen Sie jetzt bei der rechten Katze mit einer einfachen, in einer Richtung verlaufenden Schraffur, und legen über diese weitere Schraffuren, die in andere Richtungen verlaufen.

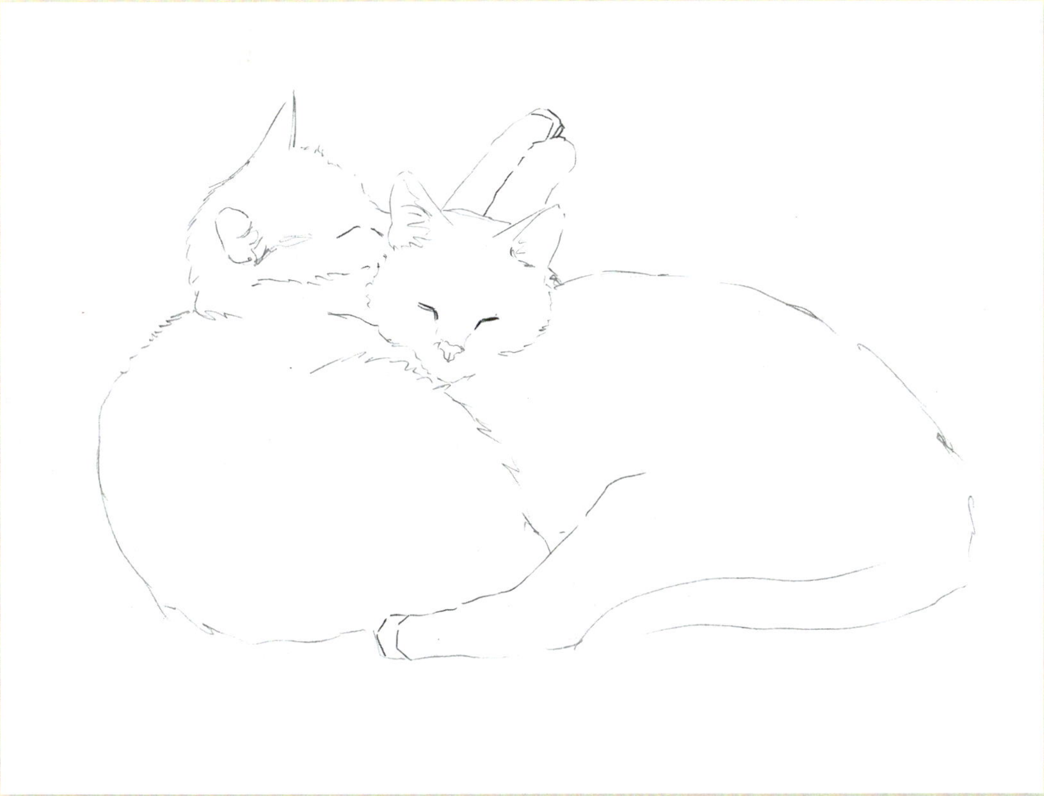

1. Schritt
Zeichnen Sie mit einem Bleistift vorsichtig die Konturen vor.

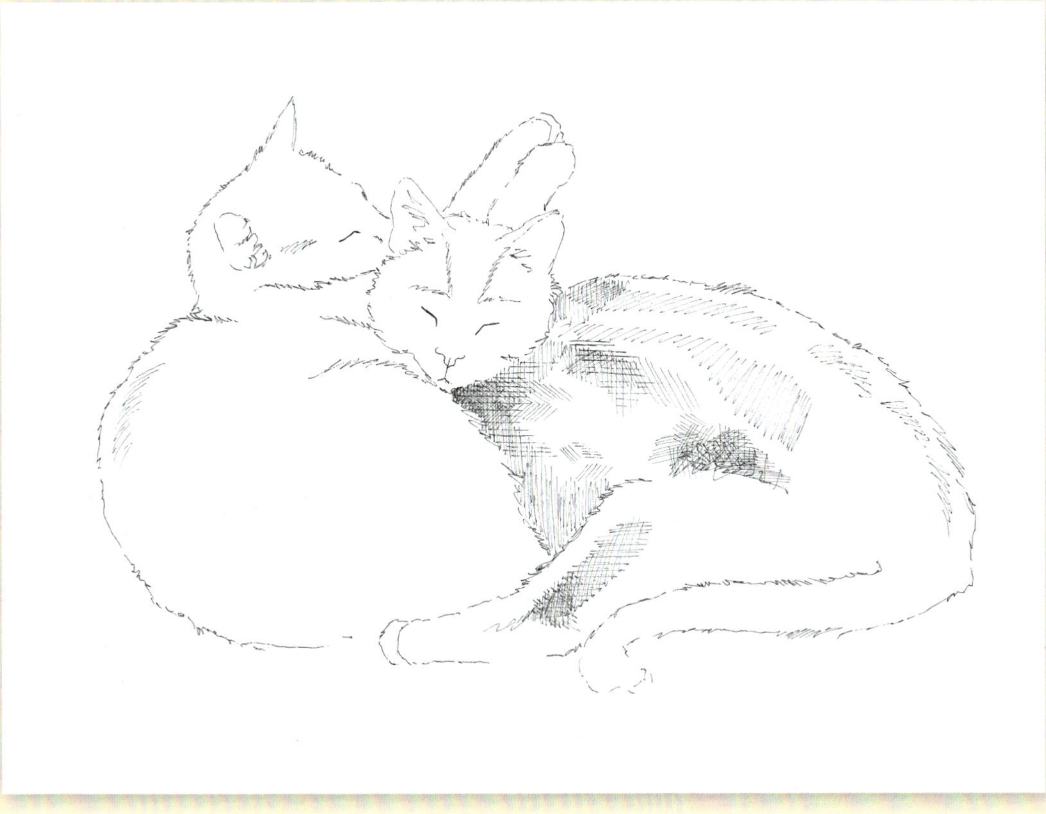

2. Schritt
Mit der Tusche zeichnen Sie zunächst die Außenkonturen nach und fügen dann verschiedene Schraffuren hinzu.

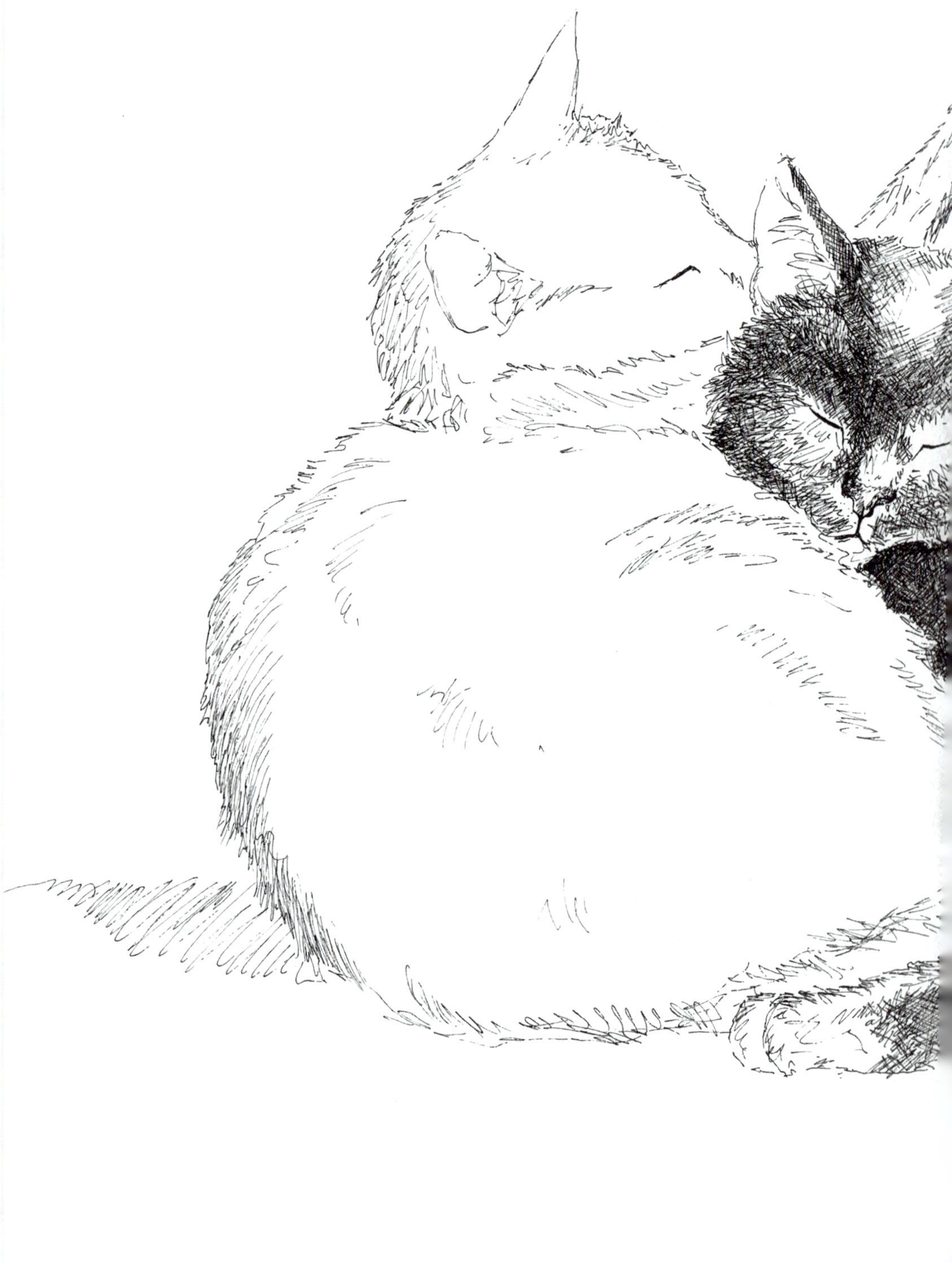

Schritt 3

Die Bereiche an Brust, Wange und der linken Stirnseite der rechten Katze werden mit Schraffuren solange abgedunkelt, bis die gewünschte Tiefe erreicht ist. Die Ohren und das Bein werden ebenfalls mit Schraffuren abgedunkelt. Bei der linken Katze wird nur am Schwanz und beim

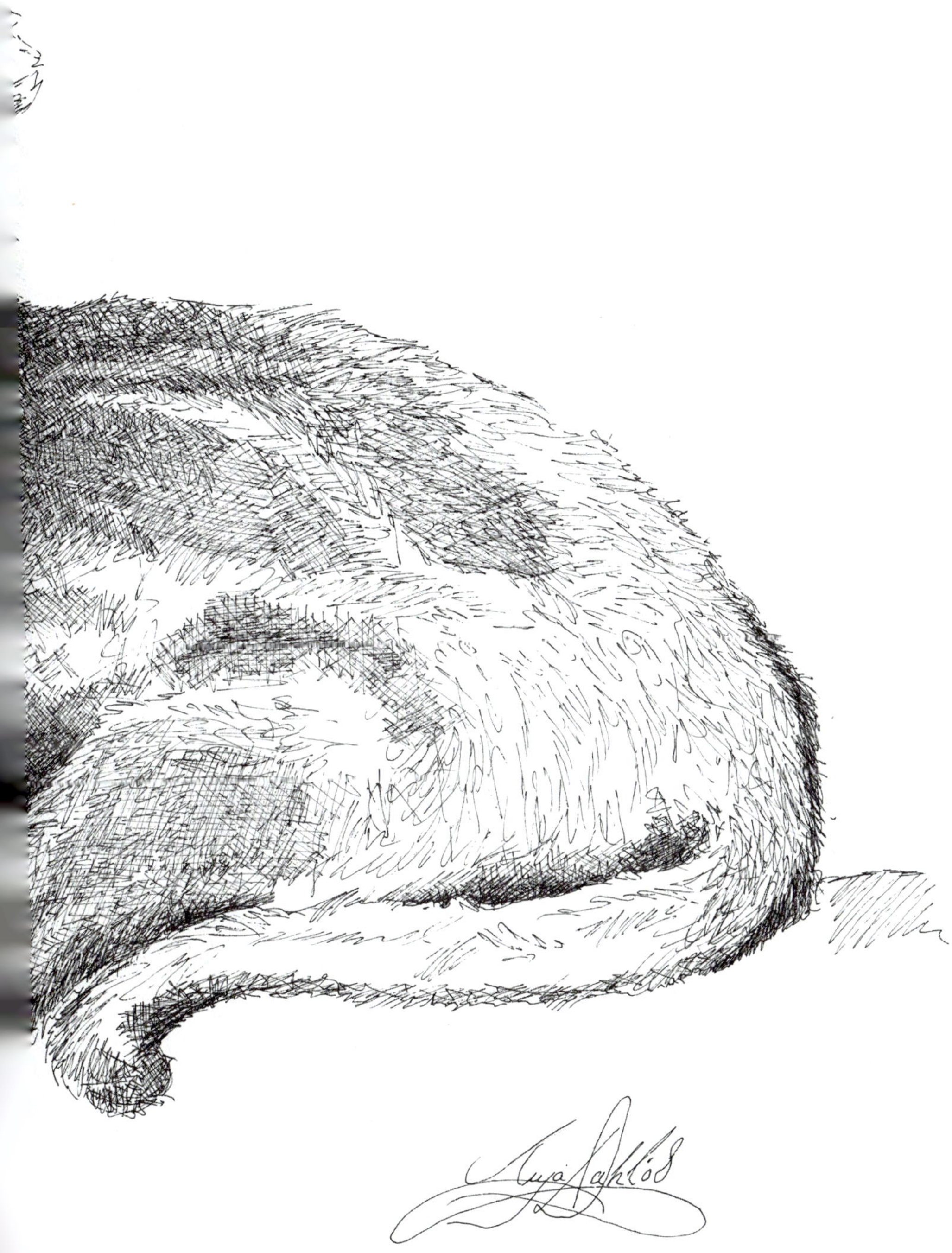

3. Schritt
Zum Abschluss zeichnen Sie eine bewegte Fellstruktur ein.

linken Vorderbein mit einer leichten Kreuzschraffur gearbeitet. Am Hinterkopf und am Rücken werden einige einfach verlaufende, lockere Schraffuren hinzugefügt, um eine Fellstruktur zu erzeugen. Links und rechts der Katzen deuten Sie noch mit lockerem Strich etwas Boden an.

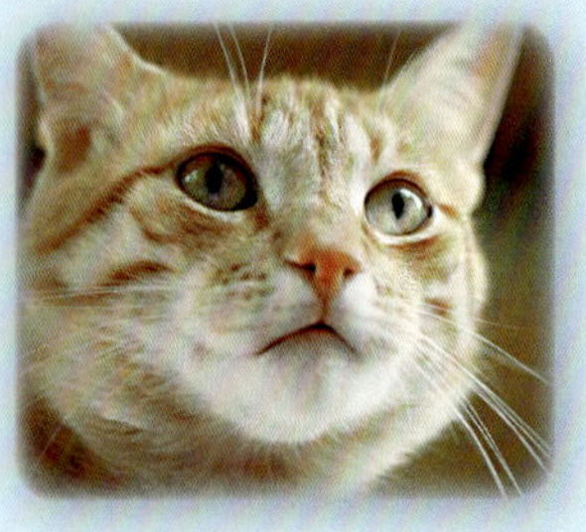

Übungsbild in Schrittfolge: Getigerte Katze

Material:
- Zeichenpapier, matt, DIN A3
- Bleistift, Härtegrad HB
- Rötelstift, hell und dunkel
- Papierstift zum Verwischen
- Knet-Radiergummi
- Fixativ

Eine Katze ist nur technisch ein Tier, ansonsten ist sie göttlich.
Robert Lynd

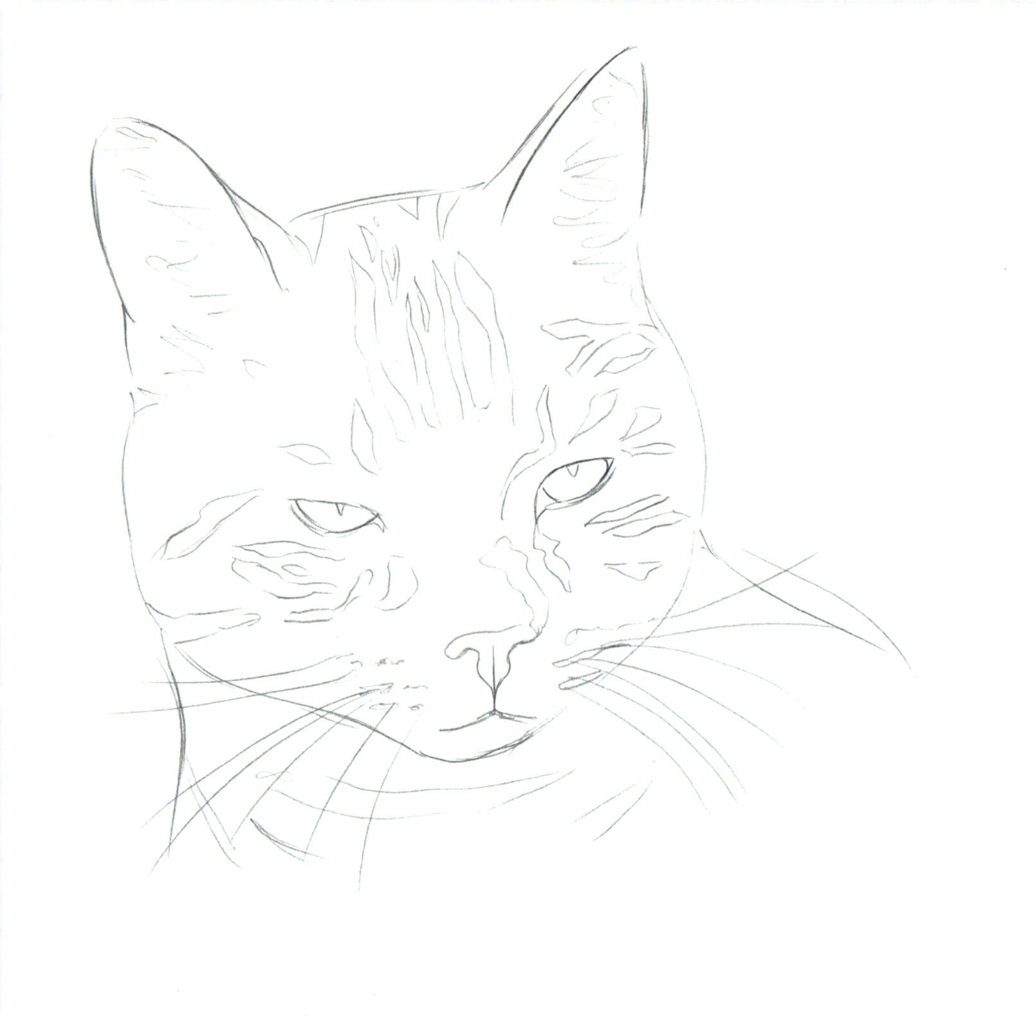

1. Schritt
Die Grundlinien werden mit dem Bleistift HB vorgezeichnet.

Schritt 1

Zeichnen Sie mit dem Bleistift HB die Grundlinien des Katers leicht vor. Beziehen Sie die Musterung im Gesicht in Ihre Vorzeichnung mit ein, vermeiden Sie es dabei jedoch unbedingt, mit dem Bleistift zu fest auf das Papier zu drücken. Es ist sehr schwierig, mit dem Rötelstift über solche Stellen zu zeichnen, sie werden im Nachhinein immer sichtbar bleiben.

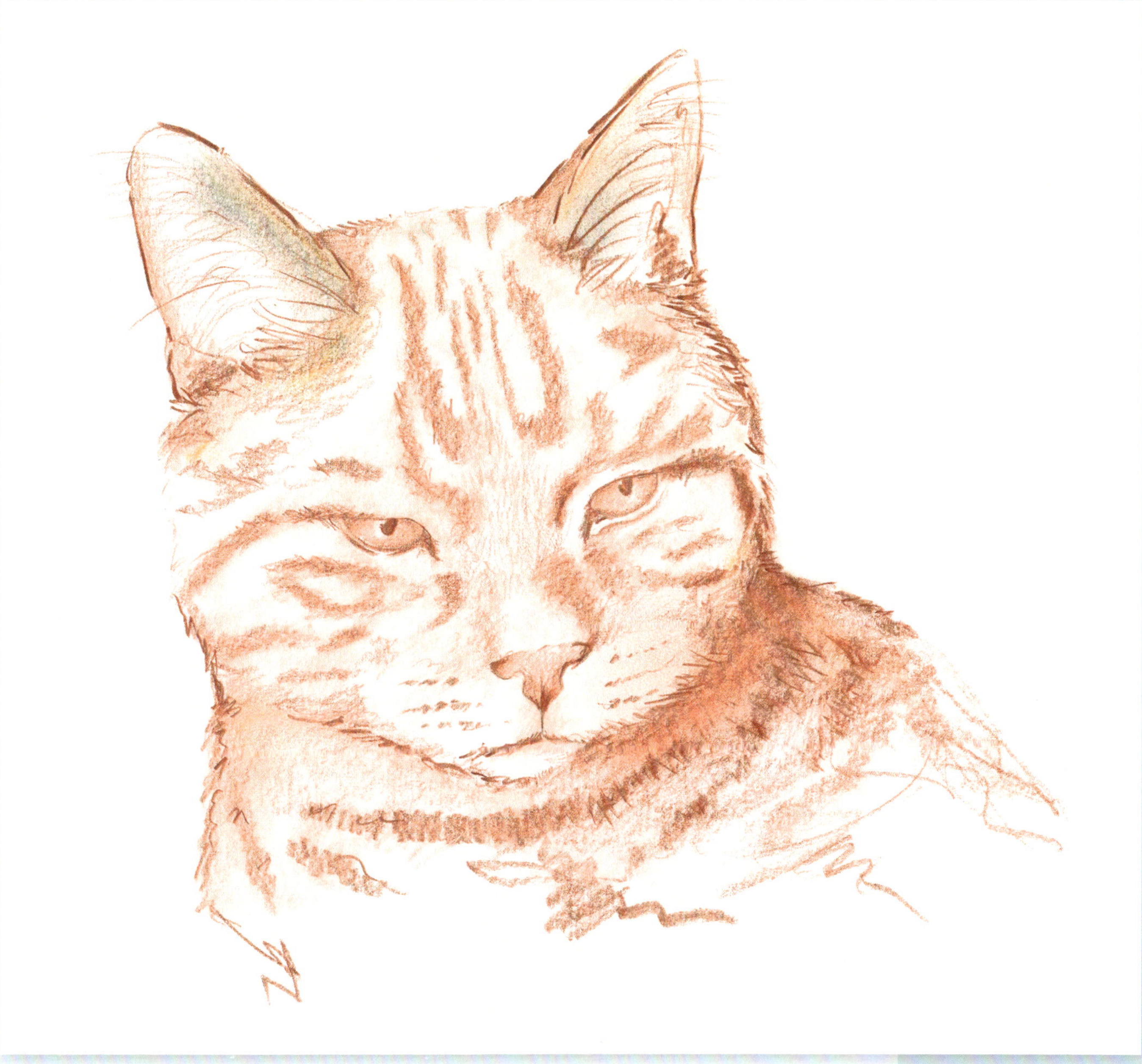

2. Schritt
Mit dem Papierstift überarbeiten Sie im Anschluss die gesamte Zeichnung.

Schritt 2

Jetzt verwenden Sie den dunklen Rötelstift und zeichnen die Linien nach. Dafür radieren Sie jeweils immer kleine Bereiche vorher aus. Wenn Sie die Fläche nachgezeichnet haben, wenden Sie sich der nächsten Fläche zu. Sie konzentrieren sich dann immer nur auf einen kleinen Bereich der Zeichnung. Das Tigermuster im Gesicht der Katze wird mit gestrichelten Linien ausgefüllt. Nehmen Sie nun den hellen Rötelstift, und arbeiten Sie die kleineren, helleren Flächen aus. Mit dem Papierstift verwischen Sie im Anschluss die gesamte Zeichnung, sodass die weißen Flächen einen hell-rosa Ton erhalten. Abschließend wird die Zeichnung mit dem Fixativspray besprüht. Lassen Sie das Bild gut durchtrocknen.

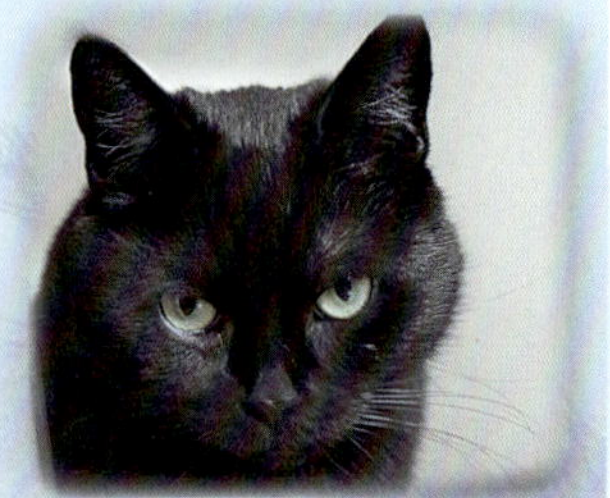

Übungsbild in Schrittfolge: Schwarzer Kater

Material:

- Zeichenpapier, DIN A3
- Bleistift, Härtegrade HB, 2B und 5B
- Minenschärfer oder Schleifpapier
- Knet-Radiergummi
- Fixativ

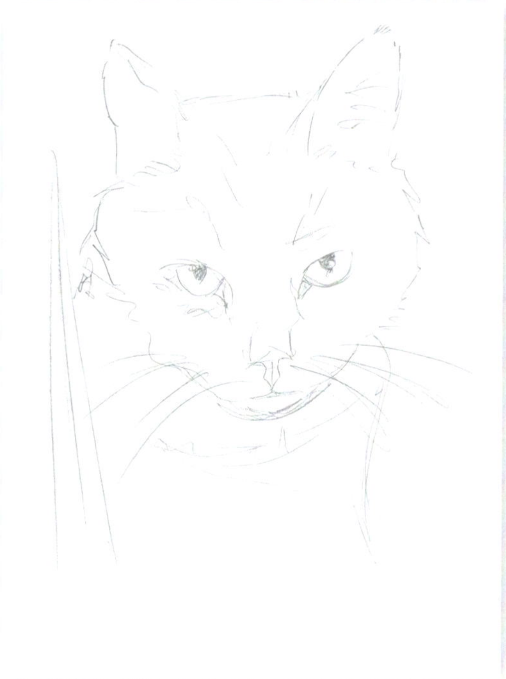

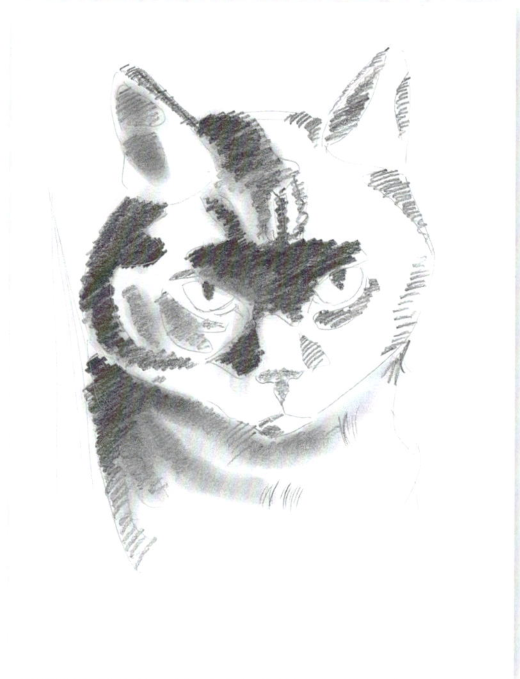

1. Schritt
Die Form des Katzenkopfes wird mit dem Bleistift HB vorgezeichnet.

2. Schritt
Mit dem Bleistift 5B werden die dunkleren Bereiche im Bild schattiert und mit den Fingern verwischt.

Schritt 1

In lockerer Linienführung wird mit dem Bleistift HB die Form des Katzenkopfes grob auf das Zeichenpapier übertragen. Achten Sie darauf, dass Ohren und Augen relativ symmetrisch zueinander verlaufen. Drücken Sie nicht zu stark mit dem Bleistift auf das Papier, da sonst Rillen im Papier entstehen, die bei der Ausarbeitung mit Schattierungen hell durchscheinen. Radieren Sie unerwünschte Linien mit dem Knetgummi aus, und bessern Sie die Linien nach, bis Sie mit der Vorzeichnung zufrieden sind. Beachten Sie, dass der Kopf eine dreieckige Form aufweisen soll. Da die Katze von unten nach oben blickt, befinden sich die Pupillen am oberen Rand des Augenlids. Das Kinn ist schwach ausgeprägt, und die Nase liegt weit unten im Gesichtsfeld.

Schritt 2

Um einen grundierenden Grauton in der Zeichnung zu erhalten, schattieren Sie nun mit dem Bleistift 5B Bereiche in der linken Gesichtshälfte stärker und in der rechten Gesichtshälfte schwächer. Im Anschluss werden diese Flächen mit den Fingern solange verwischt, bis keine Bleistiftlinien mehr sichtbar sind. Dabei müssen Sie besonders sorgsam bei der Stirn und um die Augen herum arbeiten. Achten Sie auch beim Anlegen der Schraffur darauf, nur leicht aufzudrücken, um zu vermeiden, dass einzelne dunklere Linien entstehen. Sollte dies doch einmal vorkommen, verstärken Sie die Flächen gleichmäßig um die Linie herum, bis ein einheitlicher Tonwert erreicht ist.

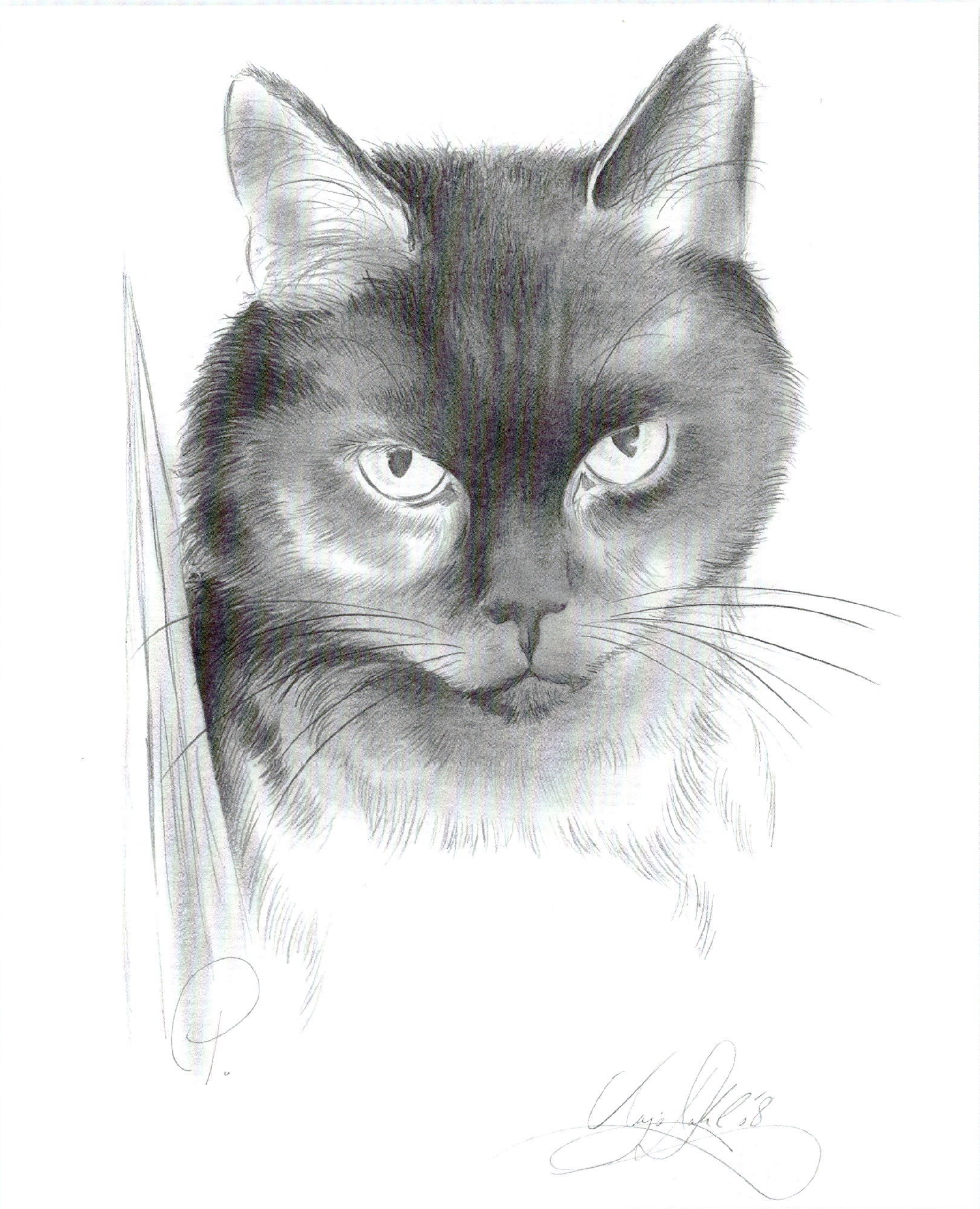

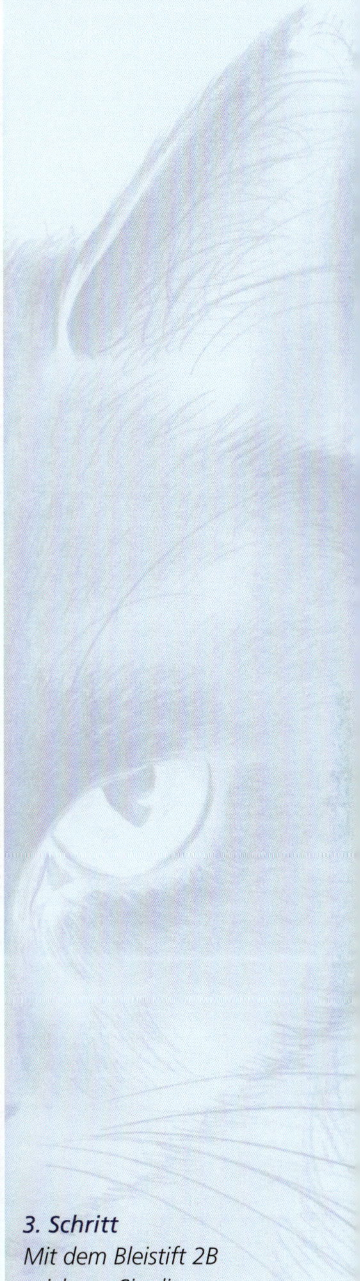

3. Schritt
Mit dem Bleistift 2B zeichnen Sie die Fellstruktur ein.

Schritt 3

Nun werden einige Flächen im Gesicht und am Hals der Katze mit einer Fellstruktur versehen. Verwenden Sie dazu den Bleistift Härtegrad 2B, er ist dunkler als der Stift HB, aber nicht so weich wie der Stift 5B. Um eine feine Haarstruktur zu erzielen, reiben Sie die Spitze auf dem Minenschärfer oder einem Stück Schleifpapier immer wieder etwas ab, damit sie beim Zeichnen spitz bleibt. Abschließend fügen Sie noch die Barthaare hinzu und fixieren das Bild.

Aufgabe: Stellen Sie die Übungsbilder nach, um später eigene Zeichnungen umsetzen zu können.

Darstellung verschiedener Rassen

Kurzer Überblick über typische Rassemerkmale einiger Katzenrassen

Europäische Kurzhaar (Haus-) Katze

Ob American Shorthair, British Shorthair oder Europäisch Kurzhaar, hinter diesen Begriffen verbirgt sich die gewöhnliche Hauskatze. Sie kann alle Farben und Muster aufweisen, von bunt gescheckt bis rot getigert. So groß wie die Vielfalt ihrer Farben und Muster, so unterschiedlich sind auch ihre körperlichen Beschaffenheiten. Ihre Kopfform kann rund, quadratisch oder dreieckig sein, so wie ihr Körper auch rundlich, länglich oder muskulös ausfallen kann. Die Augen sind rund oder leicht mandelförmig.

Norwegische Waldkatze

Die Norwegische Waldkatze unterscheidet sich von der ihr sehr ähnlichen Maine Coon-Katze vor allem durch ihren robusteren Körperbau. Ihr Fell ist schwerer, und sie ist etwas größer als die Maine Coon. Die Augen sind groß und rundlich, die Nase ist relativ breit. Die Kopfform der Norwegischen Waldkatze ist dreieckig und ihr Kinn wirkt etwas quadratisch. Um den Hals trägt sie einen imposanten Fellkragen. Ihre Hinterbeine sind länger als die Vorderbeine. Interessant sind die kleinen Fellpartien zwischen ihren Zehen, sie sollten ihr ursprünglich in der freien Natur helfen, über Schnee zu laufen. Das Fell kann alle Muster und Farben aufweisen, von schneeweiß bis getigert und gescheckt.

Perserkatze

Die Perserkatze gehört zu den Langhaarkatzen. Durch ihr dichtes, langes Fell wird ein Großteil der Körperkonturen der Perserkatze verdeckt. Sie bewegt sich voller Stolz und Anmut durch ihr selbsternanntes Königreich. Die hohen Wangen und die kleine Stupsnase verleihen ihr ein sehr kompaktes Gesicht. Die Ohren der Perserkatze sind abgerundet und verschwinden ebenfalls größtenteils im langen Fell. Ihre zierlichen Beine wirken durch das Haar breiter als sie eigentlich sind. Um gute Zeichenergebnisse zu erzielen, sollte beim Zeichnen unbedingt auf den Fellverlauf geachtet werden. Mit schwungvollen Linien, die teilweise unterbrochen werden, können schöne Fellstrukturen entstehen.

Russisch Blau

Die Russisch Blau, die ihre Wurzeln, wie der Name verrät, in Russland hat, wird manchmal mit dem Kartäuser verwechselt. Die typischen smaragdgrünen Augen der Russisch Blau sprechen jedoch ebenso eine andere Sprache wie die typische Fellstruktur. Streichelt man eine Russsich Blau, spürt man ein Doppelfell, welches in dieser Form unter Katzenrassen einmalig ist. Beinah überirdisch wirkt diese außergewöhnliche Rasse, die im Übrigen eine Naturrasse ist. Ihr silbergrau-blaues Fell ist kurz und samtig. Die faszinierenden Augen sind groß und rund, manchmal auch mandelförmig. Die Russisch Blau kommt mit blauen Augen zur Welt, die sie innerhalb des ersten Lebensjahres zu lebhaftem Grün wechselt. Ihr Körperbau ist robust und muskulös, dennoch feingliedrig.

Auch das kleinste Katzentier ist ein Meisterstück.

Leonardo da Vinci

Kartäuser

Mit ihrem blaugrauen Fell und den goldenen Augen versprüht sie einen beinahe mystischen Charme. Die Heimat der Kartäuserkatze ist Frankreich, dort tragen sie den Namen „Chartreux". Die großen, runden Augen verleihen ihr einen sanften und freundlichen Ausdruck, der auch ihrem Charakter entspricht. Die Kartäuserkatze hat einen robusten, massiven Körperbau mit breiten Schultern, der Hals ist kräftig und dick. Ihr Kopf ist rund mit vollen Wangen, die Nase gerade und breit. Die Ohren der Kartäuserkatze sind klein bis mittelgroß, sie sind hoch auf dem Kopf angesetzt und verlaufen am Ansatz gerade und schmal, an den Spitzen leicht abgerundet. Das Fell dieser Katzenart ist dicht und dick, es kann alle Grautöne haben, von Hellgrau bis Blaugrau, und ist von seidigem Glanz.

Siamkatze

Sie ist durch ihre zeitlose Eleganz eine der beliebtesten Katzenrassen. Das außergewöhnliche und extravagante Aussehen der Siamkatze ist nicht zuletzt auf ihren sportlichen, schlanken Körperbau zurückzuführen. Die dunkel abgesetzten Points (Ohren, Gesichtsmaske, Füße und der Schwanz) sind bei der Geburt noch weiß, sie färben sich erst in den ersten Monaten ein. Diese Färbung kann bei freigängigen Katzen stärker ausfallen als bei reinen Wohnungstieren, da die Färbung an den kältesten Stellen am Körper entsteht. Die auffällige dreieckige Kopfform wird durch die großen Ohren noch verstärkt. Auch im Gesicht ist das Fell dunkel abgesetzt. Die Augen der Siamkatze sind mandelförmig, von mittlerer Größe und von einem sehr schönen Blauton gekennzeichnet.

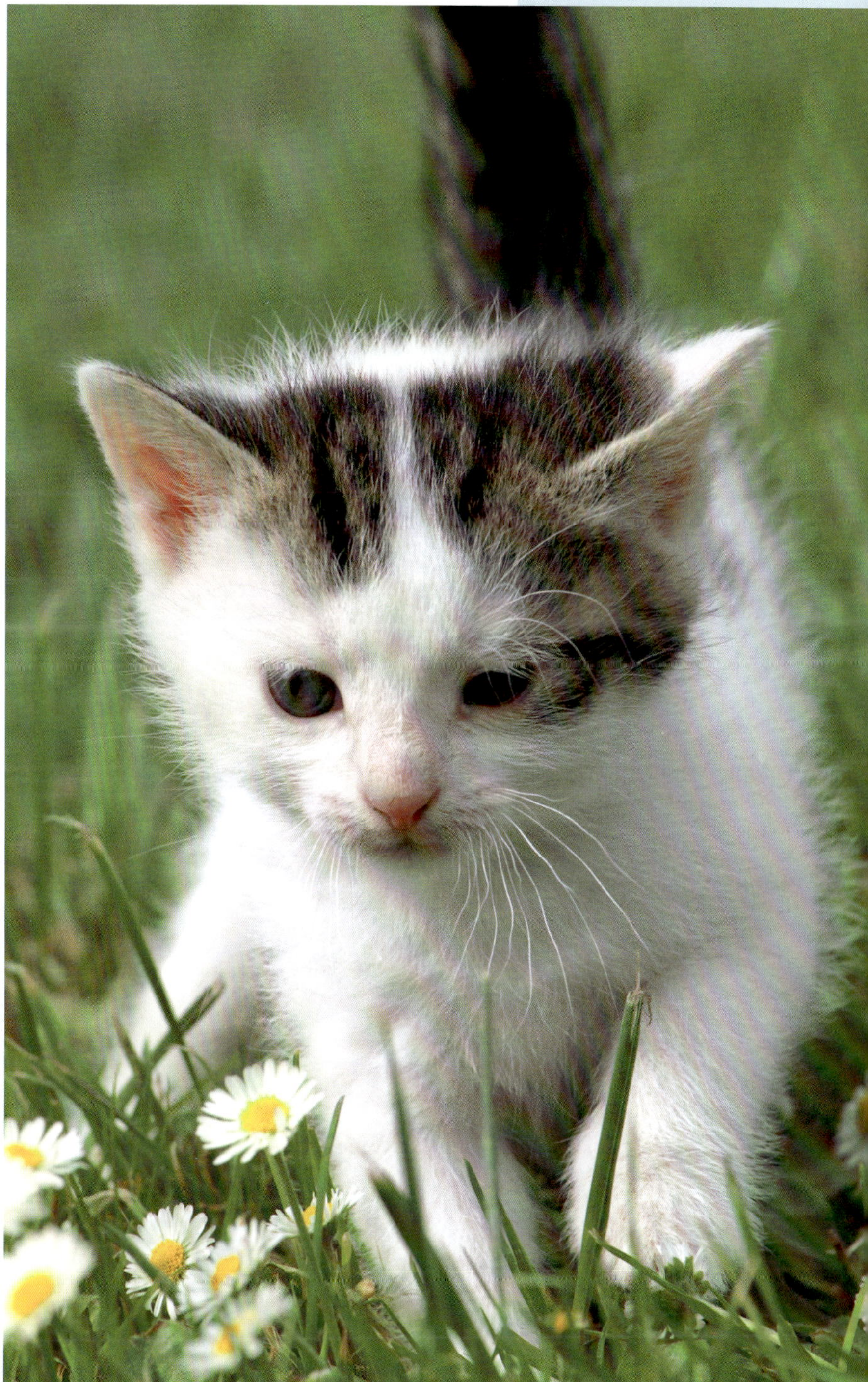

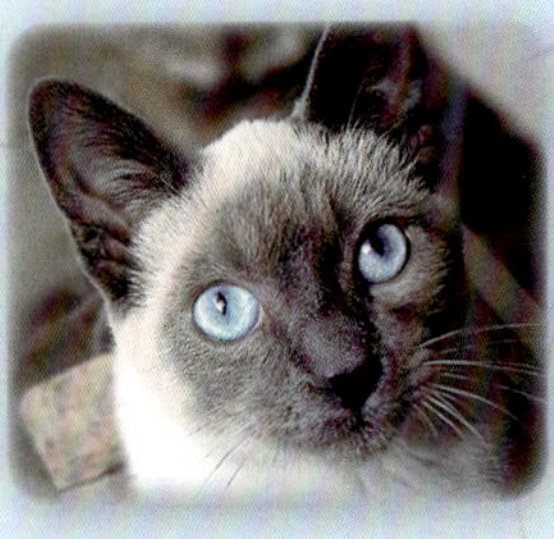

Übungsbild in Schrittfolge: Siamkatze

Material:

- *Zeichenpapier, DIN A3*
- *Bleistift, Härtegrade HB und 3B*
- *Knet-Radiergummi*
- *Fixativ*

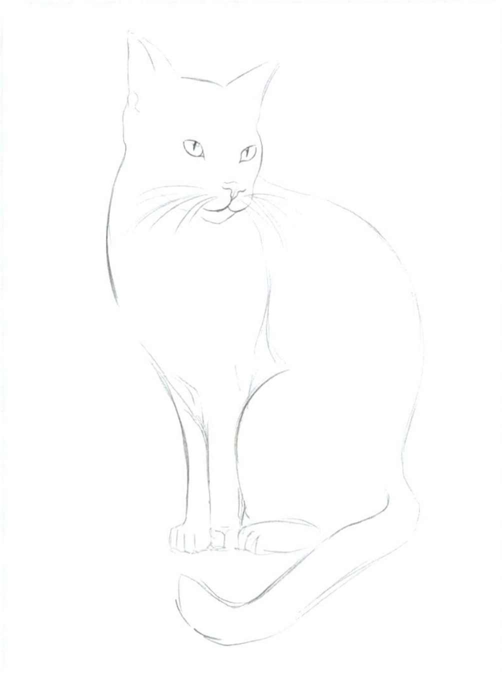

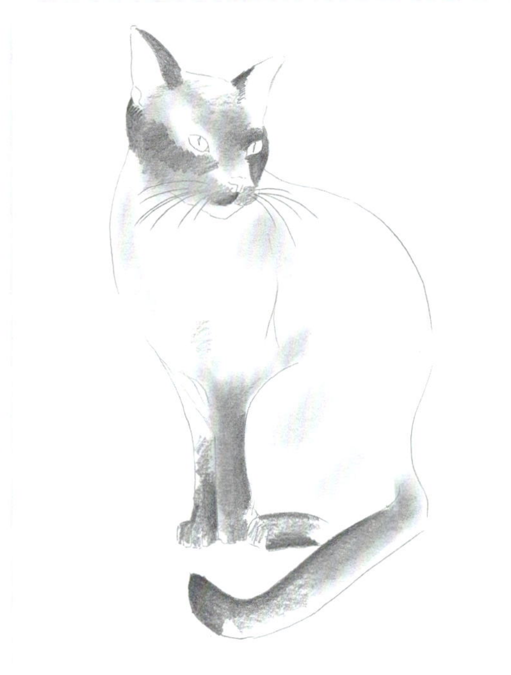

1. Schritt
Die Form der Katze wird mit Bleistift vorgezeichnet

2. Schritt
Schattieren Sie mit dem Bleistift HB das Gesicht und die Beine sowie den Schwanz.

Schritt 1

Zeichnen Sie die Grundlinien der Siamkatze mit dem Bleistift HB vor. Der Linienverlauf sollte klar und fließend sein. Die feinen Gesichtszüge sind grazil und gleichmäßig. Achten Sie darauf, nicht alle Linien durchgehend zu zeichnen. Das ist spannungsvoller und belebt die Zeichnung. Die Augen zeichnen Sie nur schwach vor, denn sie sind relativ klein im Vergleich zum Gesicht. Die Pupille ist eng und nur als dünner Strich zu erkennen, der in der Mitte etwas breiter wird. Auch diese Linien sollten Sie nur dünn vorzeichnen. Der Hals der Katze ist durch ihre Kopfhaltung teilweise verdeckt, die Linie geht über die Brust und dann in die Beine über. Die Hinterbeine sind nicht zu sehen, lediglich eine der hinteren Pfoten ragt hervor.

Schritt 2

Schattieren Sie zunächst mit dem Bleistift HB grob das Gesicht und verwischen die Fläche mit den Fingern. Dann zeichnen Sie die eigentliche Gesichtsmaske im Gesicht ein. Anschließend werden die Vorderbeine, die hintere Pfote und der Schwanz der Katze schattiert und ebenfalls mit den Fingern verwischt. Die Bleistiftreste an Ihren Fingern können Sie ganz vorsichtig auf das Papier auftragen, um erste hellgraue Flächen im Fell anzulegen. Achten Sie dabei darauf, dass keine Streifen entstehen. Falls dies doch passieren sollte, nehmen Sie den Knetgummi und tupfen vorsichtig die Stelle ab, um sie dann mit gesäuberten Fingern nochmals zu verwischen.

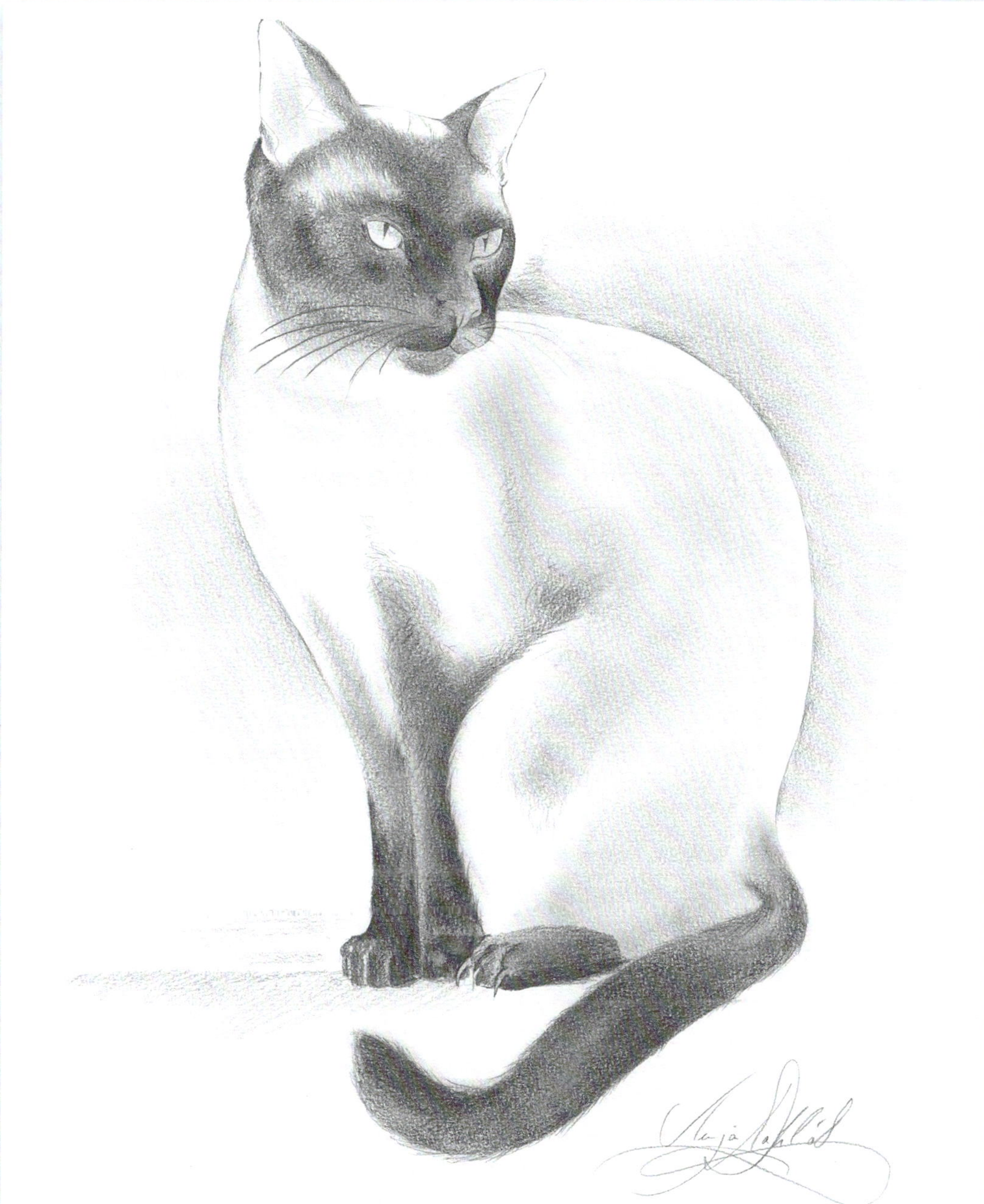

3. Schritt
Eine schwache Fellstruktur wird über die Schattierung gezeichnet und dunkelt einige Flächen ab.

Schritt 3

Formen Sie den Körper der Katze weiter aus, indem Sie die hellen Schattierungen ausarbeiten und am Rücken ergänzen. Dann dunkeln Sie die Flächen im Gesicht, an den Beinen und am Schwanz ab, indem Sie eine schwache Fellstruktur über die Schattierung zeichnen. Das vordere Bein sollte etwas dunkler sein als das hintere, damit sich die Formen von einander abheben. Auch die Augen werden ganz leicht schattiert, damit sie nicht flach wirken, dabei lassen Sie in der rechten Pupille einen kleinen Lichtreflex frei. Nun schattieren Sie sorgsam den Hintergrund links und rechts neben der Siamkatze und verwischen auch diesen vorsichtig. Zum Schluss wird noch im Bereich der Pfoten der Untergrund angedeutet.

Achten Sie beim Verwischen mit den Fingern darauf, dass keine Streifen entstehen.

Übungsbild in Schrittfolge: Waldkatze

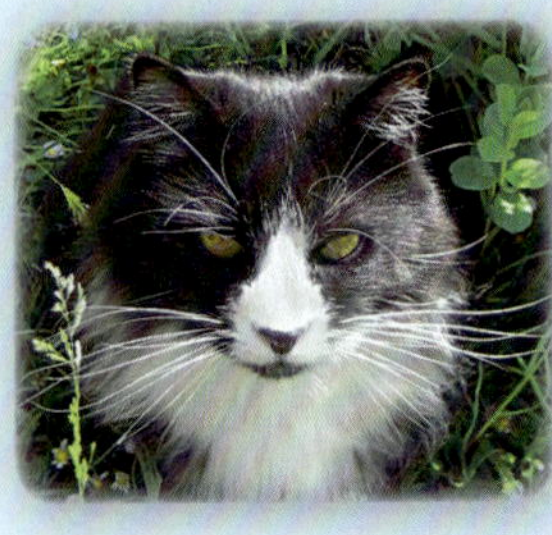

Material:

- Zeichenpapier, matt, DIN A3
- Bleistift, Härtegrad HB
- Kohlestift gebrannt und ungebrannt
- Kreidestift in Weiß
- Anspitzer oder Schleifpapier
- Papierstift zum Verwischen
- Knet-Radiergummi
- Fixativ

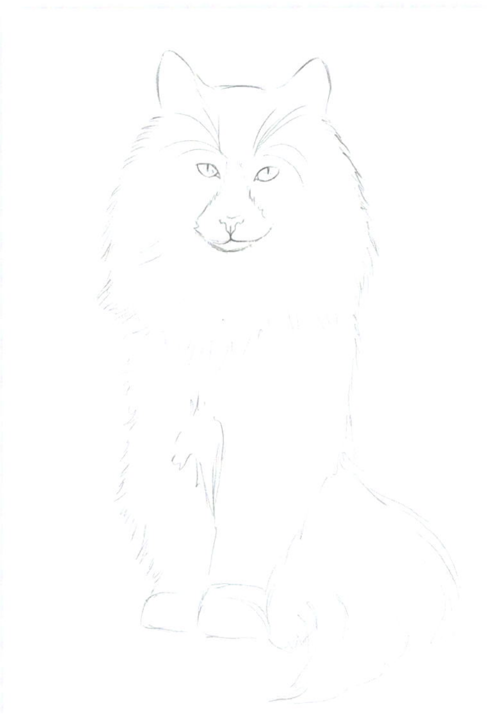

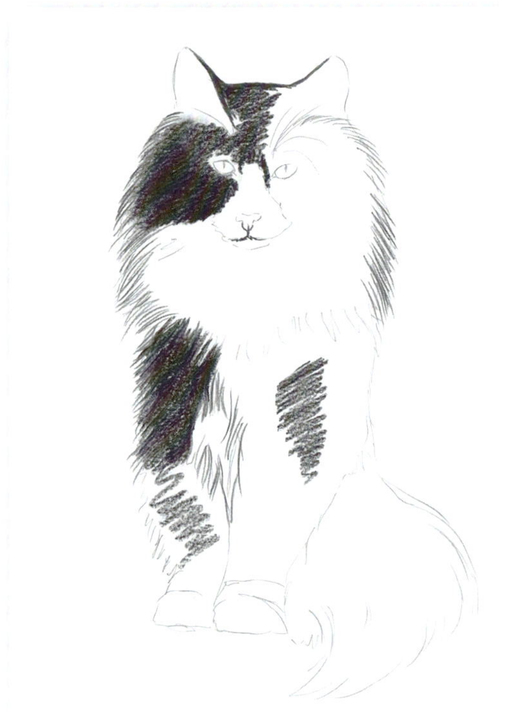

1. Schritt
Die Form der Katze wird mit Bleistift vorgezeichnet

2. Schritt
Mit dem ungebrannten Kohlestift füllen Sie die schwarzen Flächen aus.

Schritt 1

Zeichnen Sie die Grundlinien der Waldkatze mit dem Bleistift HB in klaren und fließenden Linien vor. Das Gesicht ist von gleichmäßiger Färbung und kann vereinfacht wiedergegeben werden. Achten Sie darauf, dass Sie die Außenlinien in einer schraffurähnlichen Linie wiedergeben, damit die Fellstruktur weich ausläuft. Zeichnen Sie dazu viele einzelne Linien nebeneinander. Die Augen werden nur schwach mit dünnen Linien vorgezeichnet. Auch hier sind die Pupillen sehr eng und nur als dünner Strich zu erkennen, der in der Mitte etwas breiter wird. In jedes Auge zeichnen Sie noch zwei kleine Lichtreflexe ein und legen dann den Verlauf der Halskrause fest.

Schritt 2

Arbeiten Sie nun mit dem gebrannten Kohlestift die äußeren Fellstrukturen nach und zeichnen die Linien von Mund und den Barthaaransätzen ein. Mit dem ungebrannten Kohlestift füllen Sie alle Flächen bis auf die Schnauze, den Kragen und den Schwanz aus. Verwischen Sie im Anschluss diese Flächen mit den Fingern. Für kleine und fein auslaufende Bereiche verwenden Sie den Papierstift. Lassen Sie ein klein wenig Platz zu den Augen, damit Sie nicht Gefahr laufen, über den Rand hinaus zu malen oder zu wischen. Diese kleine Aussparung wird im Anschluss mit dem ungebrannten Kohlestift sauber ausgemalt.

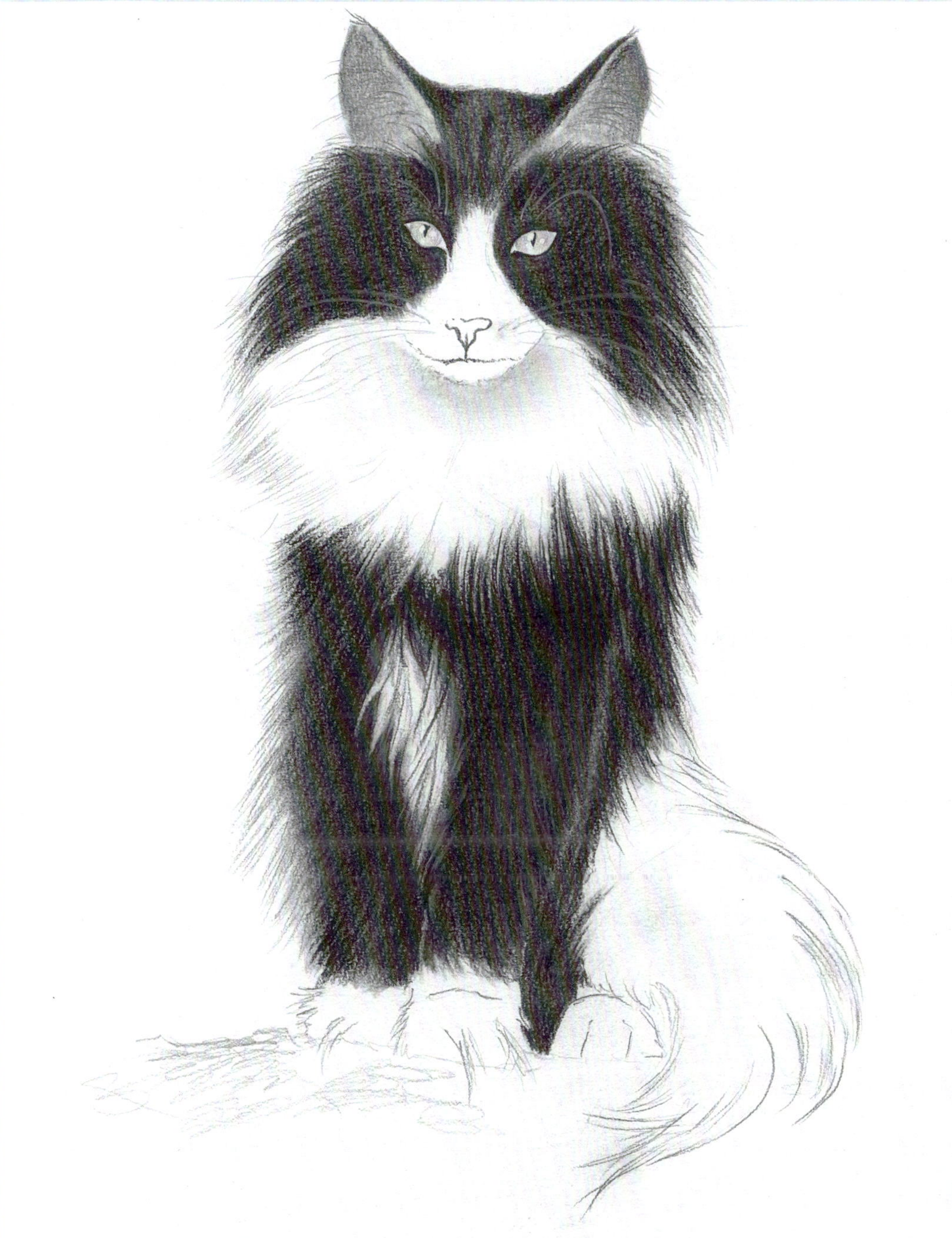

3. Schritt
Um die Fellstruktur auszuarbeiten, verwenden Sie den weißen Kreidestift.

Schritt 3

Fixieren Sie die Zeichnung sorgfältig, und lassen Sie sie gut trocknen, bevor Sie weiter zeichnen. Um die Fellstruktur und die Barthaare auszuarbeiten, verwenden Sie den weißen Kreidestift. Spitzen Sie den Stift zwischendurch immer wieder an, da die Linien sonst zu breit ausfallen. Schattieren Sie die oberen Bereiche in den Augen mit dem Bleistift HB und sparen dabei die Lichtreflexe aus. Abschließend wird noch der Boden im Bereich der Pfoten mit einigen lockeren Strichen andedeutet.

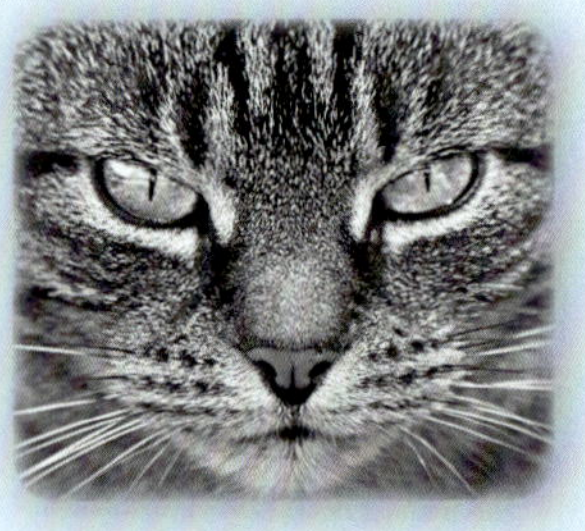

Übungsbild in Schrittfolge: Europäische Kurzhaar 1

Material:
- Zeichenpapier, matt, DIN A3
- Bleistift, Härtegrade HB und 3B
- Papierstift zum Verwischen
- Knet-Radiergummi
- Fixativ

Die Augen einer Katze sind Fenster, die uns in eine andere Welt blicken lassen.
aus Irland

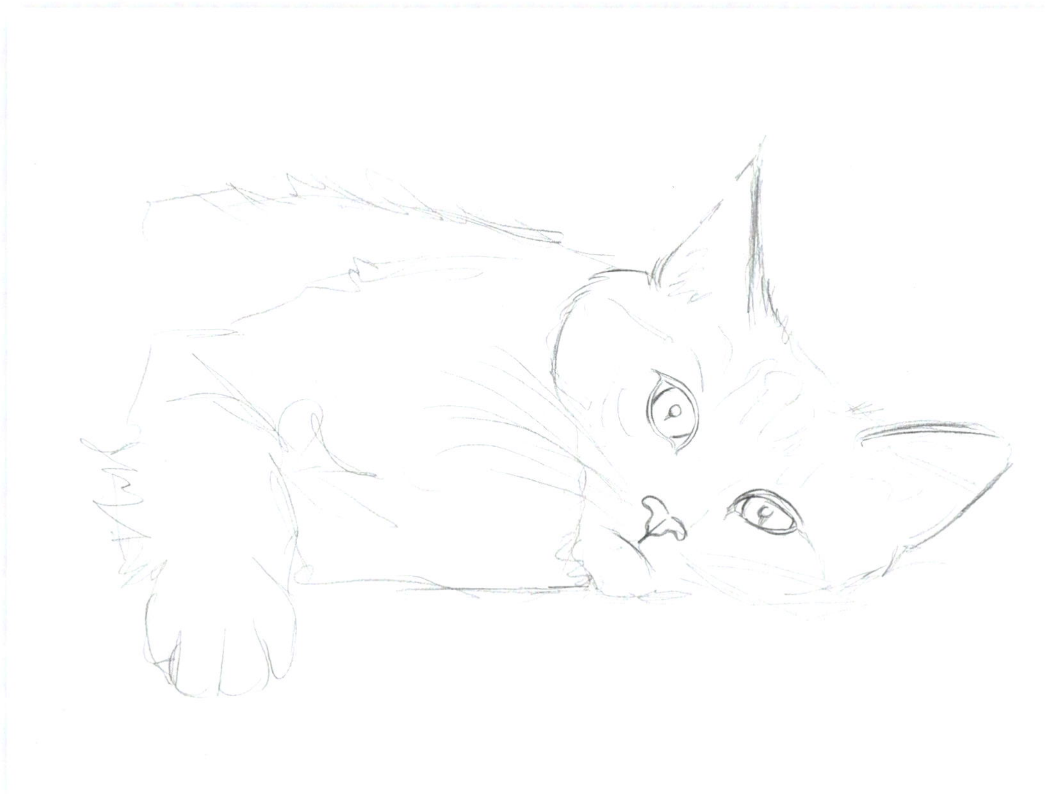

1. Schritt
Die Grundlinien der Katze werden mit Bleistift vorgezeichnet.

Schritt 1

Zeichnen Sie die Grundlinien mit dem Bleistift HB leicht vor. Achten Sie dabei darauf, dass Sie nicht zu fest mit dem Bleistift auf das Papier drücken. Da die Katze mit dem Kopf aufliegt, sind die Gesichtshälften nicht symmetrisch. Das rechte Auge ist etwas kleiner und das rechte Ohr ein wenig größer. Die Nase ist von einer klaren, feinen Form und der Mund ist sehr schmal. Der Rücken hat keine klar umrissene Linie, sondern verläuft durch das flauschige Fell unregelmäßig. Diese Partien sollten im Anschluss mit einer feinen, schraffurähnlichen Linie ausgearbeitet werden.

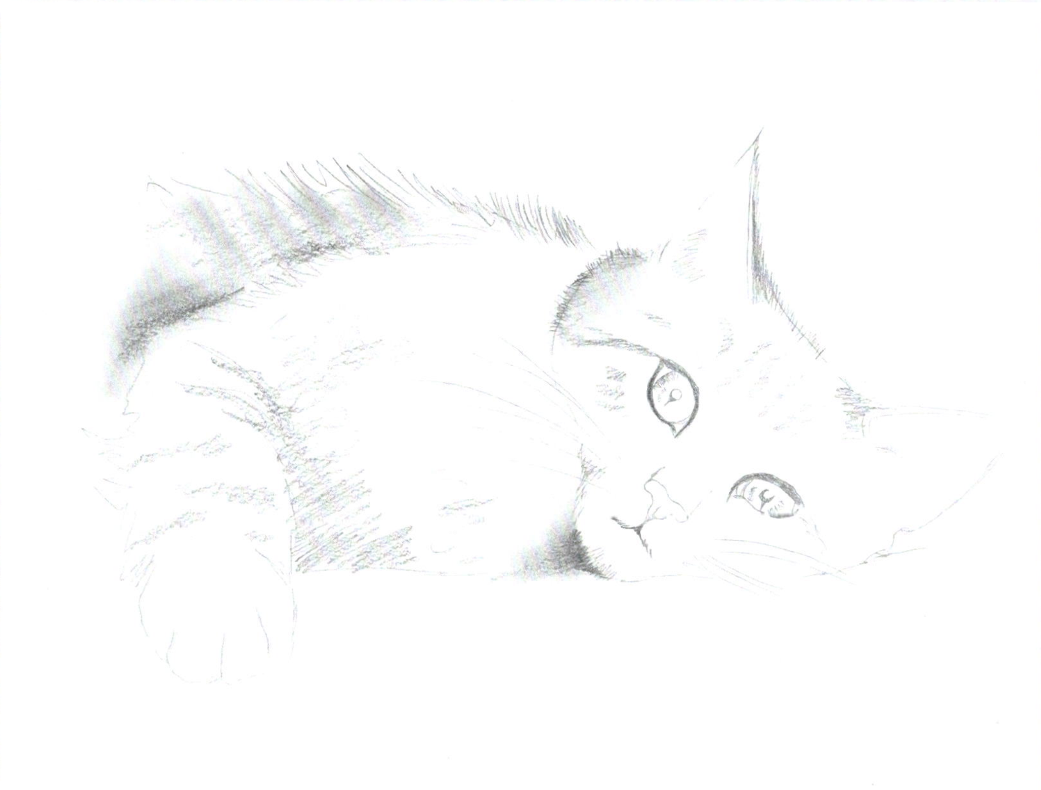

2. Schritt
Das Tigermuster der Katze wird eingezeichnet.

Schritt 2

Zeichnen Sie nun das Tigermuster im Gesicht der Katze mit sanften, gestrichelten Linien ein. In der Augenpartie arbeiten Sie vorsichtig alle dunkleren Flächen aus. Sparen Sie dabei die schwachen Lichtpunkte in der Pupille aus und lassen diese weiß. Verstärken Sie die Nasenform mit kleinen Schattierungen an der Innenseite. Das Kinn der Katze heben Sie nur mit wenigen kleinen Strichen hervor, den Schattenbereich unter dem Kinn dunkeln Sie ab. Nun schraffieren Sie das Tigermuster am Rücken, dem Bein und dem Brustbereich vor und verwischen diese leicht mit den Fingern.

Schritt 3

Verstärken Sie die Schraffuren des Tigermusters weiter, sodass die Struktur dichter wirkt. Um den flauschigen Effekt des Fells zu erzielen, verwischen Sie im Anschluss die Fläche vorsichtig mit den Fingern. Mit dem Knetgummi ziehen Sie dann in Abständen von ca. 1 cm leicht in Richtung des Fellmusters über die Zeichnung und hellen so einige Bereiche des Tigermusters weiter auf. Die Brust wird mit dem Bleistift 3B im unteren Bereich stark abgedunkelt, auch unter dem Kinn und hinter dem Vorderbein wird der Körper weiter abgedunkelt. Zum Schluss deuten Sie noch leicht einen Untergrund an.

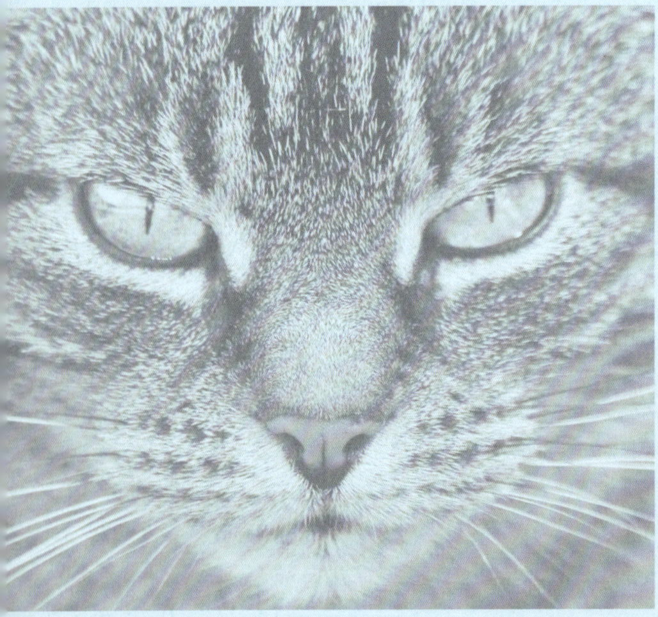

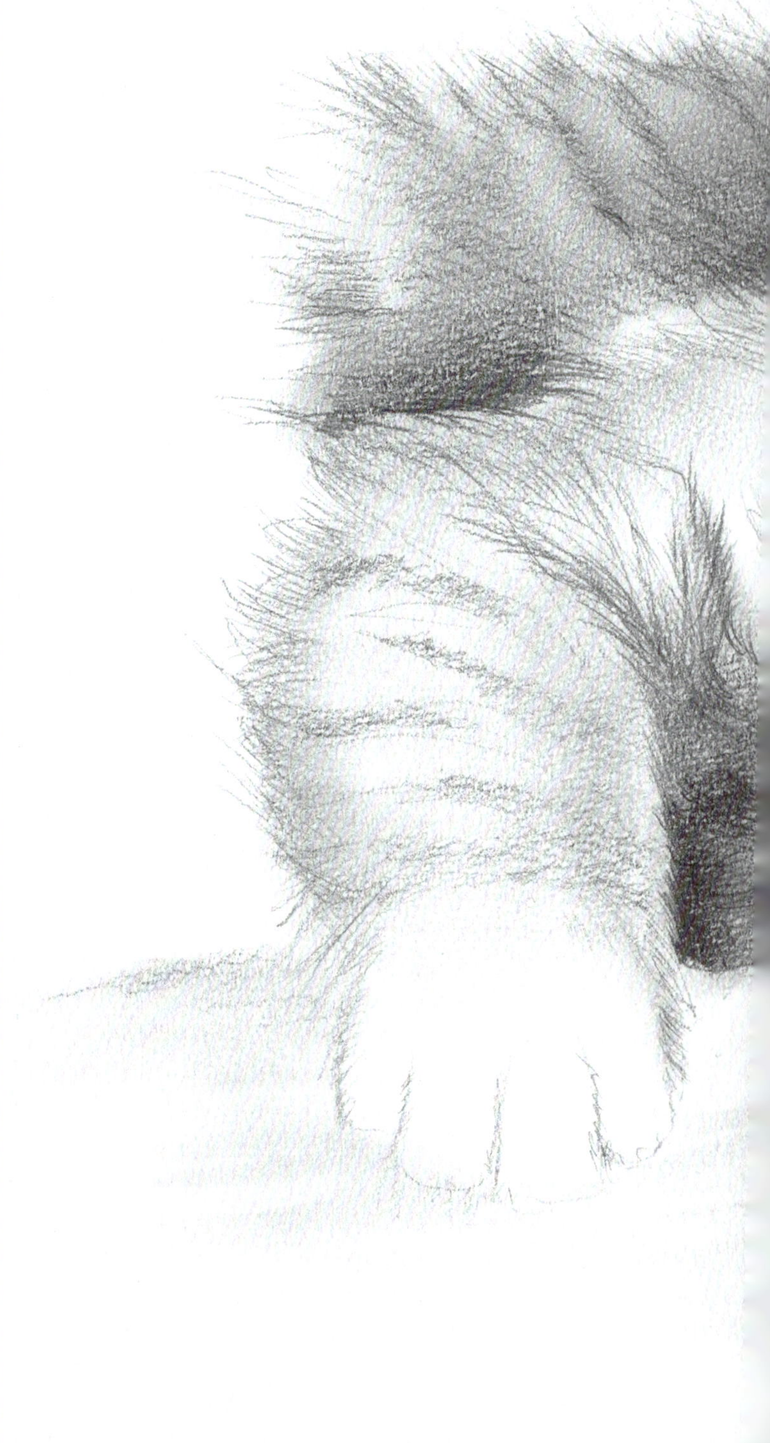

3. Schritt
Dunkeln Sie die Bereiche, die tiefer erscheinen, mit dem Bleistift ab.

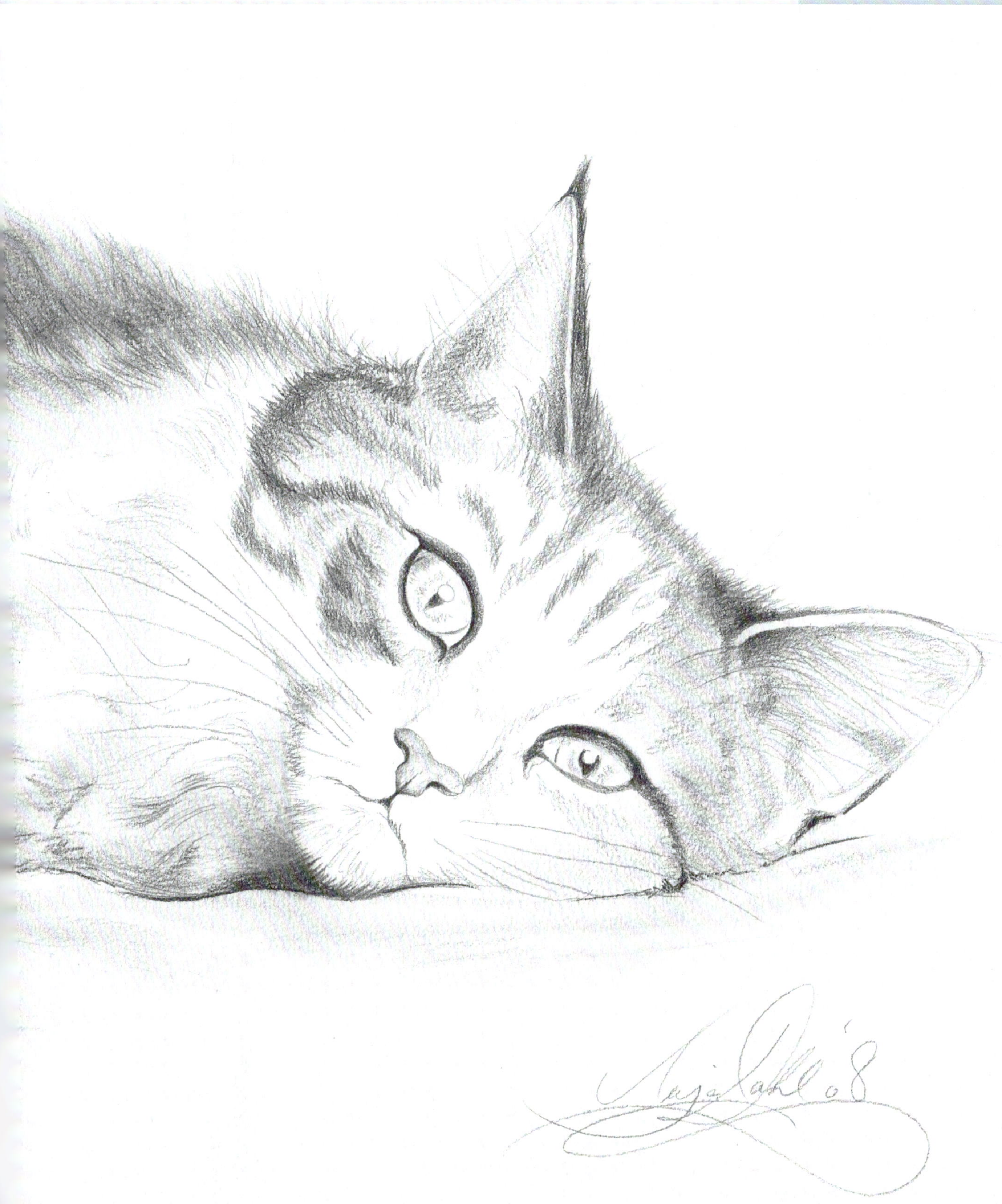

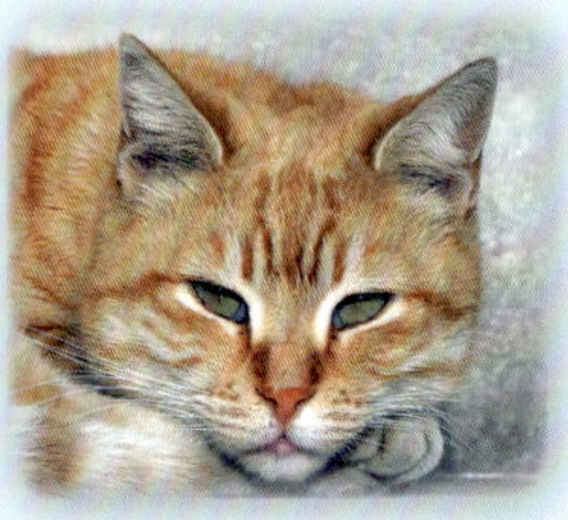

Übungsbild in Schrittfolge: Europäische Kurzhaar 2

Material:

- Zeichenpapier in Beige, matt, DIN A3
- Rötelstift
- Minenspitzer oder Minenreibe
- Knet-Radiergummi
- Fixativ

Das Ideal von Ruhe existiert in einer sitzenden Katze.

Jules Reynard

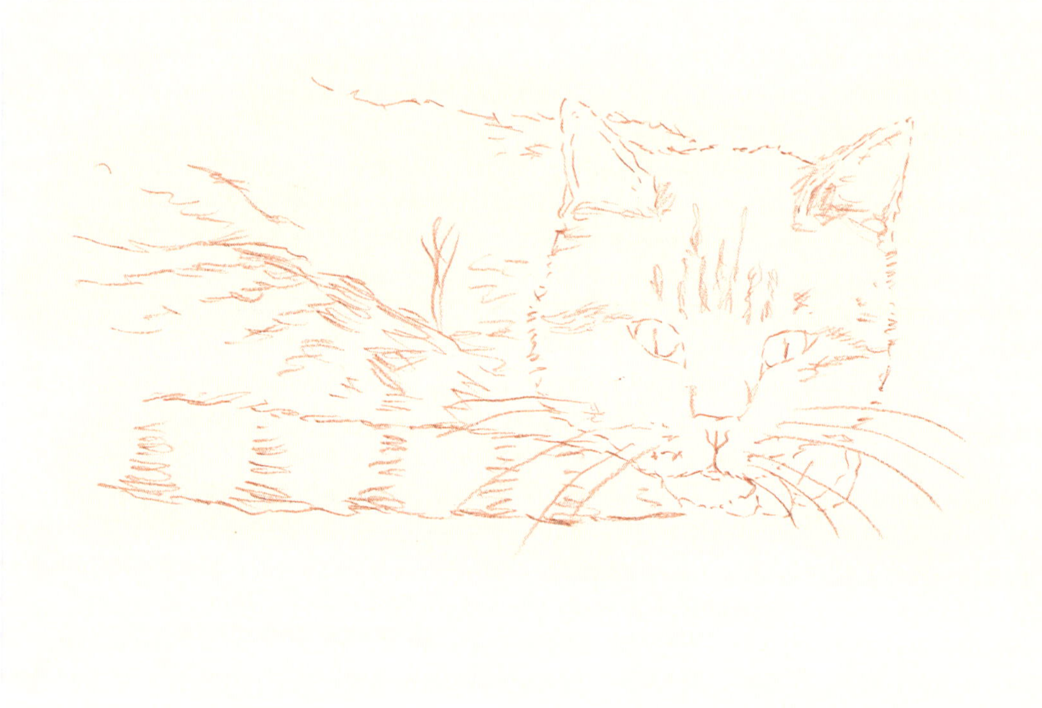

1. Schritt
Die Grundlinien werden mit vielen, kurzen Linien vorgezeichnet.

Schritt 1

Zeichnen Sie die Grundlinien der Katze vorsichtig mit vielen kurzen Strichen vor. Spitzen Sie dafür den Rötelstift sorgsam an und drücken ihn nur sanft auf das Papier. Beziehen Sie die Musterung im Gesicht bei Ihrer Vorzeichnung mit ein. Ein besonderes Augenmerk sollten Sie dabei auf Augen, Nase und Mund legen. Zeichnen Sie die feinen Pünktchen am Barthaaransatz mit ein. Spitzen Sie den Rötelstift zwischendurch immer wieder an, damit Sie feine, dünne Linien erhalten.

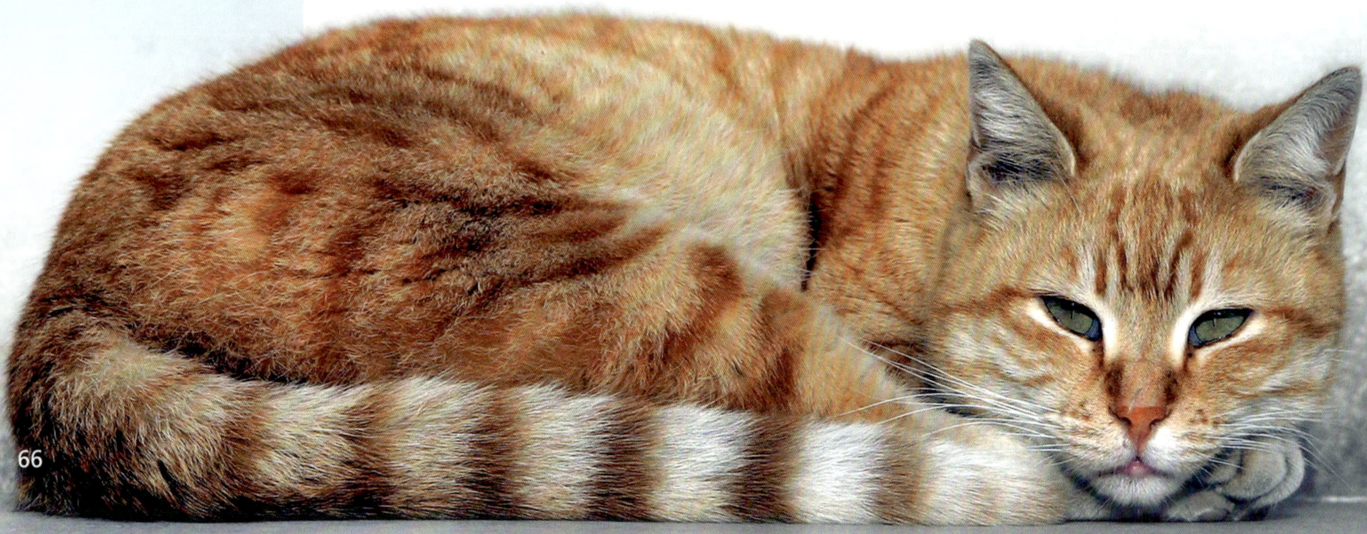

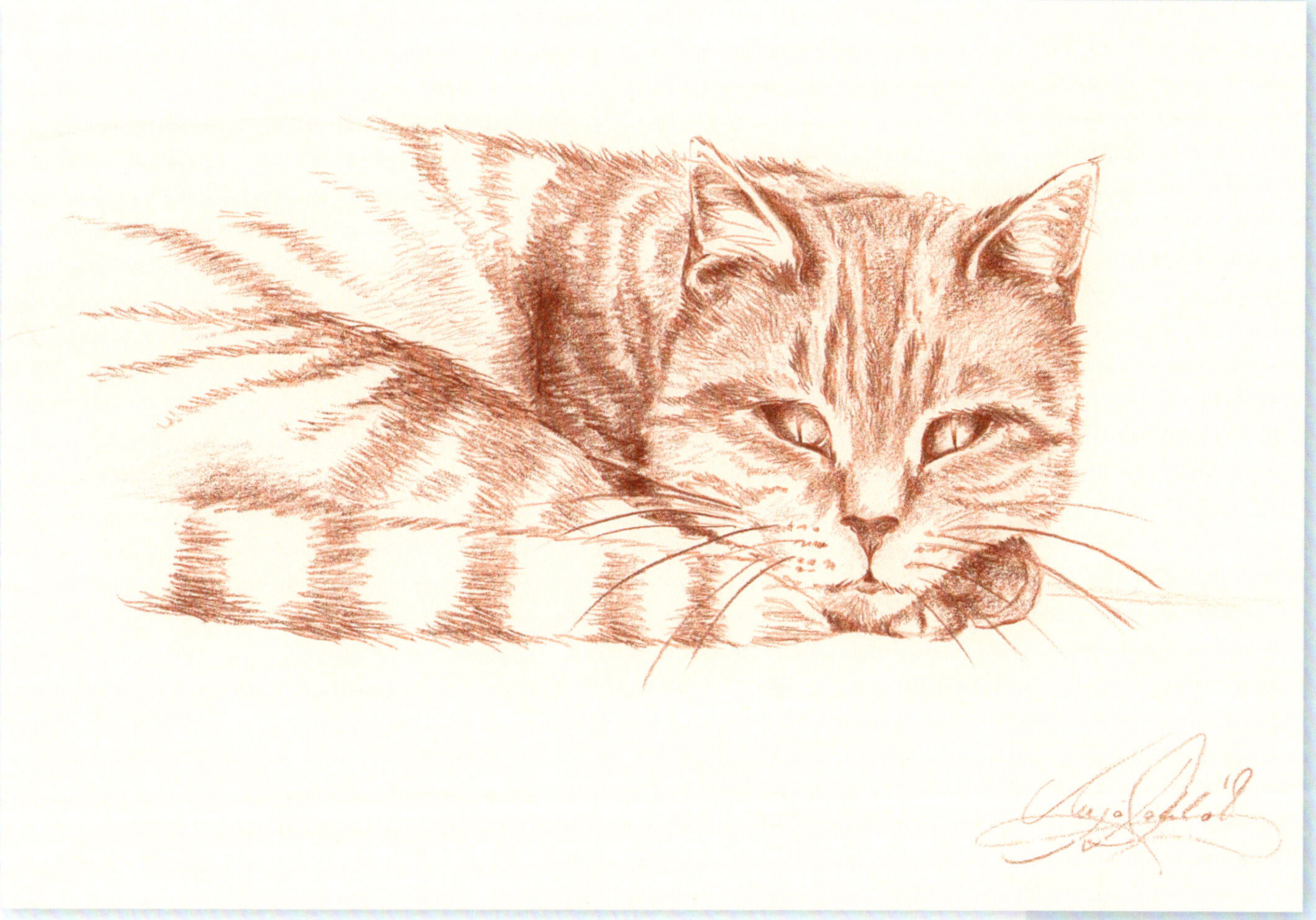

3. Schritt
Mit vielen dünnen Strichen wird eine Fellstruktur erzeugt.

Schritt 2

Nun schattieren Sie den Bereich zwischen den Augen, unter den Ohren und links und rechts von der Nase. Drücken Sie dabei wiederum nur ganz sanft mit dem Rötelstift auf. Versuchen Sie, einen hellen Rotton zu erzeugen und durch viele kleine Striche eine Fellstruktur anzulegen. Die Augen malen Sie vorsichtig aus und dunkeln sie in den Winkeln ab. Die Pupille wird nur durch einen dünnen Strich wiedergegeben, der am unteren Ende dunkel nachgezogen wird. Das Muster am Kopf wird durch viele kleine Striche ausgefüllt und verstärkt. Das Fell an der Rückenkontur wird ebenfalls durch viele kurze Striche angedeutet. Der Bereich neben dem Kopf der Katze wird abgedunkelt, indem Sie eine stärkere Schattierung anlegen, die in den Knick am Rumpf verläuft. Danach wird auch dort wieder eine Fellstruktur eingezeichnet. Das Muster am Schwanz der Katze wird mit gespitztem Stift eingezeichnet, dabei sind die einzelnen Linien, die die Haare darstellen, deutlich länger als die übrige Fellstruktur. Zum Schluss fixieren Sie das Bild sorfältig mit Fixativ, um es vor dem Verwischen zu schützen.

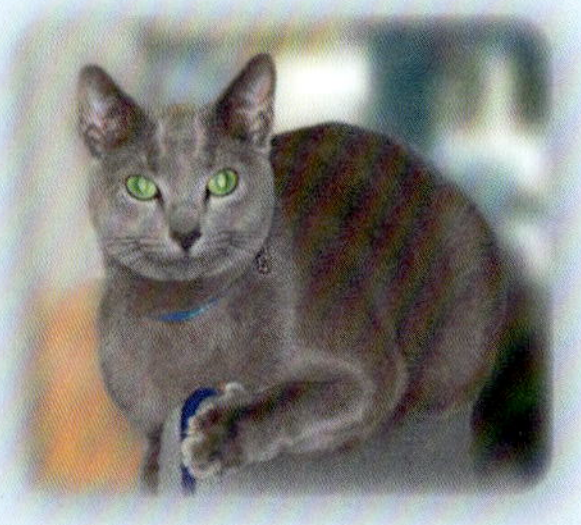

Übungsbild in Schrittfolge: Russisch Blau

Material:

- *Zeichenpapier, matt, DIN A3*
- *Pastellstifte in Grasgrün und Olivgrün oder Dunkelgrün*
- *Bleistift, Härtegrad HB*
- *Papierstift zum Verwischen*
- *Knet-Radiergummi*
- *Fixativ*

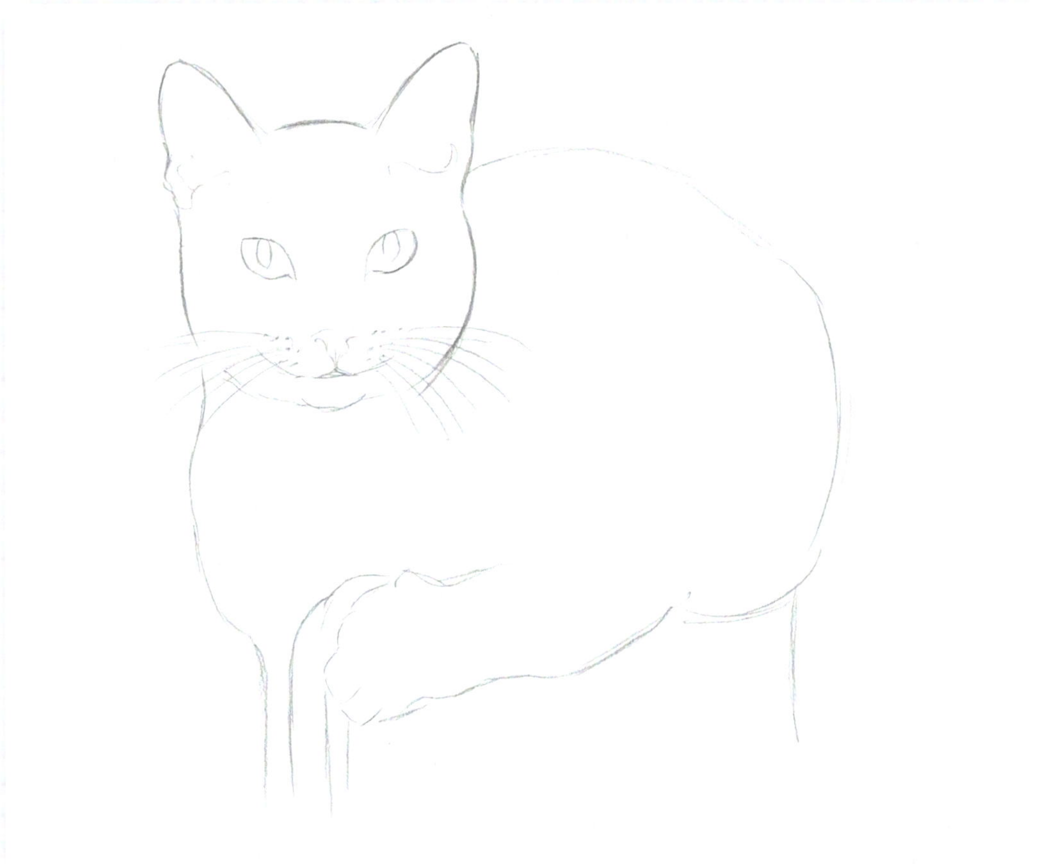

1. Schritt
Die Grundlinien der Katze werden mit Bleistift vorgezeichnet.

Schritt 1

Zeichnen Sie die Grundlinien mit dem Bleistift HB vorsichtig und mit dünnen, zarten Linien vor. Achten Sie darauf, wirklich fein zu arbeiten, da die Zeichnung nicht sehr kräftig wird und überschüssige Linien später unschön auf der Zeichnung zu sehen sind. Die Gesichtszüge der Russisch Blau sind rund und deutlich. Bei diesem Übungsbild ist fast keine Fellstruktur zu sehen, somit können die Linien ohne jegliche Außenschraffuren wiedergegeben werden. Die Augen weisen in diesem Bild keine Lichtreflexe auf. Zeichnen Sie die Iris der Katze mit spitzem Bleistift, um möglichst dünne Linien zu erhalten.

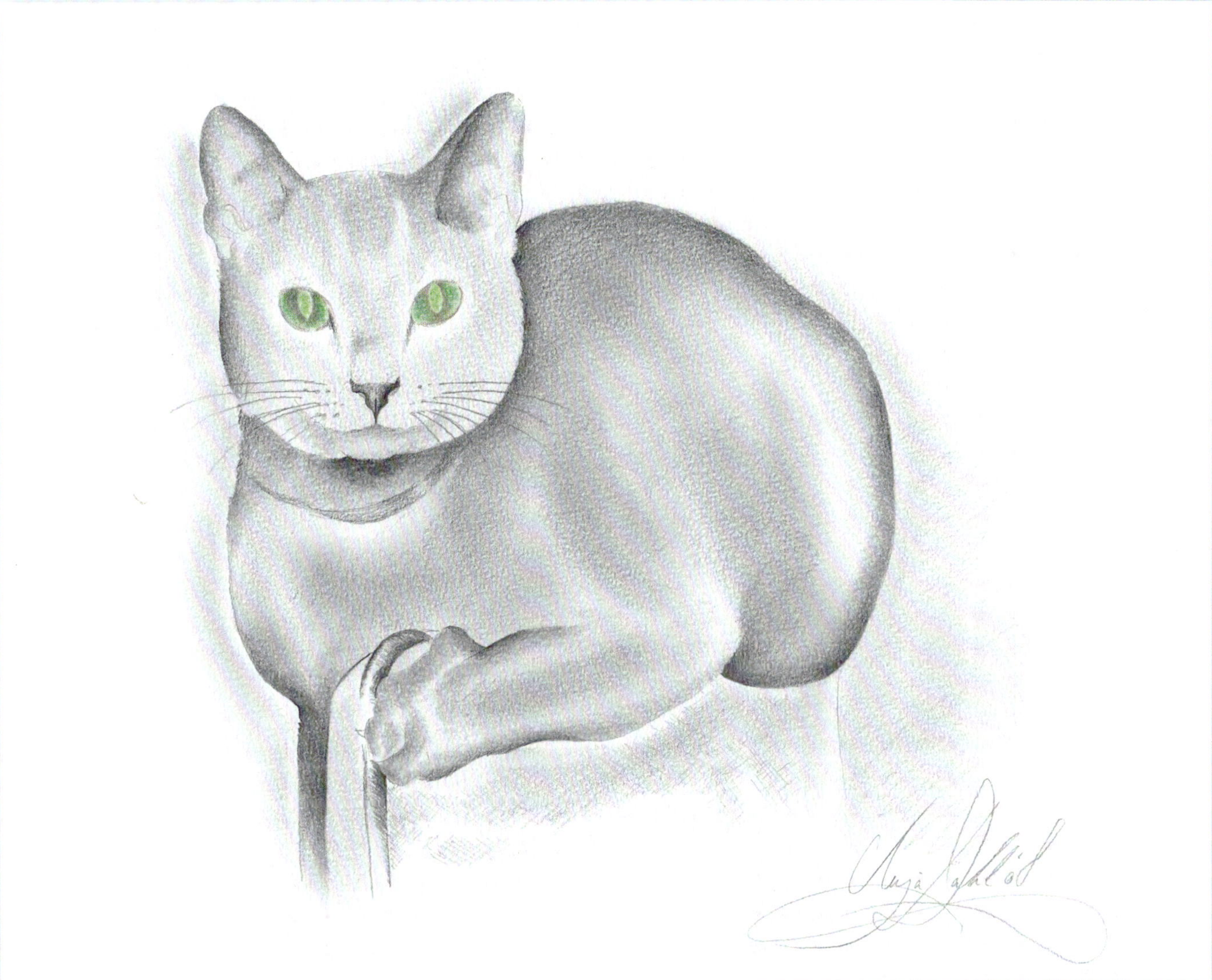

3. Schritt
Die Außenkonturen werden hauchdünn schattiert und anschließend mit dem Papierstift sorgfältig verwischt.

Schritt 2

Nun legen Sie mit dem Bleistift HB großflächige Schattierungen an. Drücken Sie nicht zu stark auf das Papier auf, und halten Sie die Spitze in einem flachen Winkel zum Papier, um keine einzelnen Striche erscheinen zu lassen. Verwischen Sie die Flächen vorsichtig mit den Fingern. Achten Sie darauf, dass keine Flecken oder sichtbare Streifen entstehen. Die Außenkonturen werden hauchdünn mit dem Bleistift HB schattiert und anschließend mit dem Papierstift sorgfältig verwischt. Mit dem grasgrünen Pastellstift bringen Sie nun Farbe in die Augen. Die Pupille wird ebenfalls grün ausgemalt, für die Iris verwenden Sie zusätzlich den dunkelgrünen oder olivfarbenen Pastellstift. Mit dem Papierstift verwischen Sie anschließend nur vorsichtig die Augen, damit ein einheitlicher Ton entsteht. Jetzt dunkeln Sie einige Flächen, wie z. B. das vordere Bein, ab und zeichnen eine leichte Textilstruktur in die Stuhllehne ein. Abschließend legen Sie eine schwache Schattierung hinter der Katze an und verwischen diese wieder vorsichtig mit den Fingern.

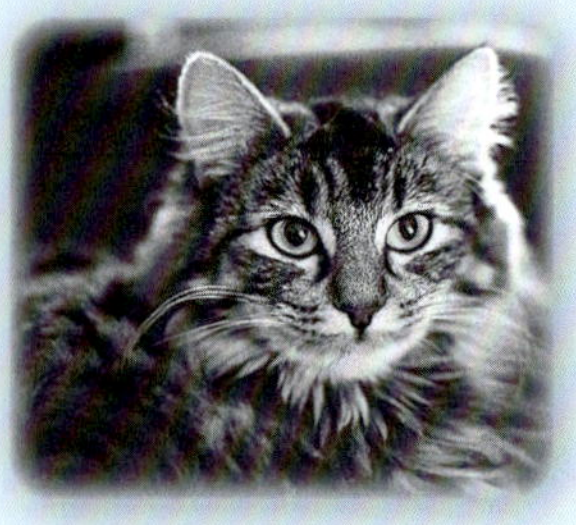

Übungsbild in Schrittfolge: Norwegische Waldkatze

Material:

- Zeichenpapier, matt, DIN A3
- Bleistift, Härtegrad HB
- Papierstift zum Verwischen
- Knet-Radiergummi
- Fixativ

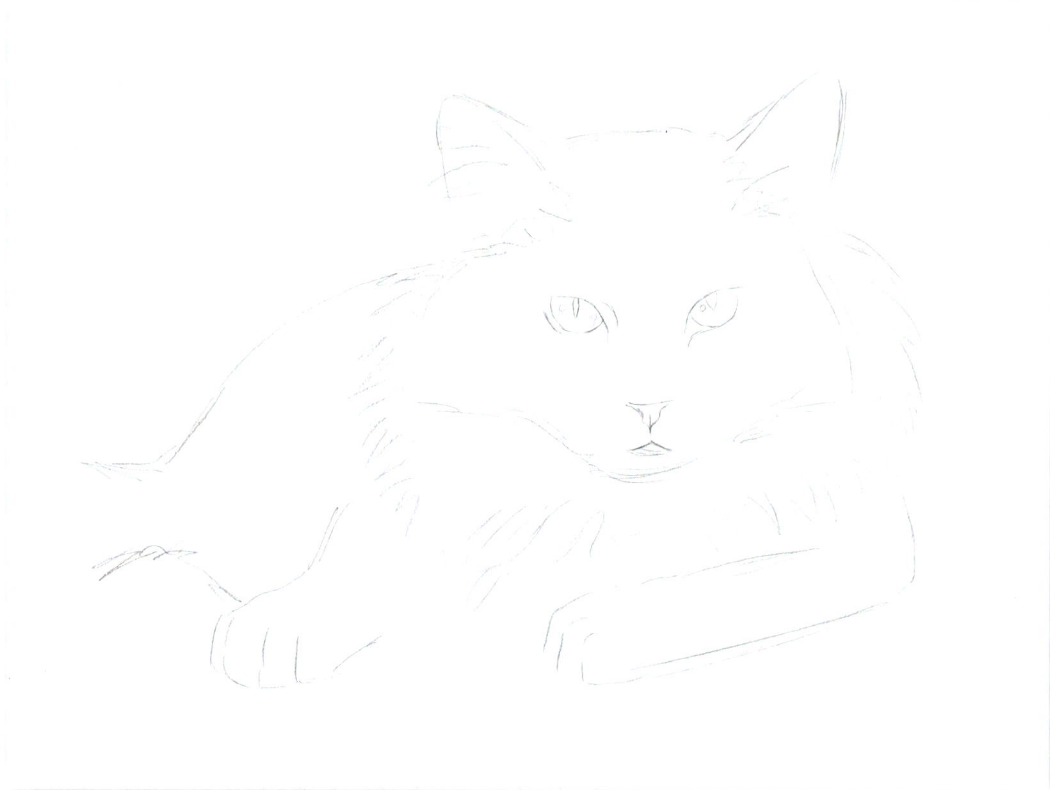

1. Schritt
Die Form der Katze wird mit Bleistift vorgezeichnet.

Schritt 1

Zunächst zeichnen Sie die Grundlinien mit dem Bleistift HB dünn vor. Achten Sie darauf, dass Sie die Kopfform, die von den üppigen Fellpartien links und rechts vom Gesicht geprägt ist, richtig umsetzen. Der volle Fellkragen umspielt das Gesicht bis zu den Ohren und wird nicht mit einer Linie, sondern direkt mittels einer groben Haarstruktur eingezeichnet. Die beiden vorderen Beine werden mit einfachen Linien wiedergegeben.

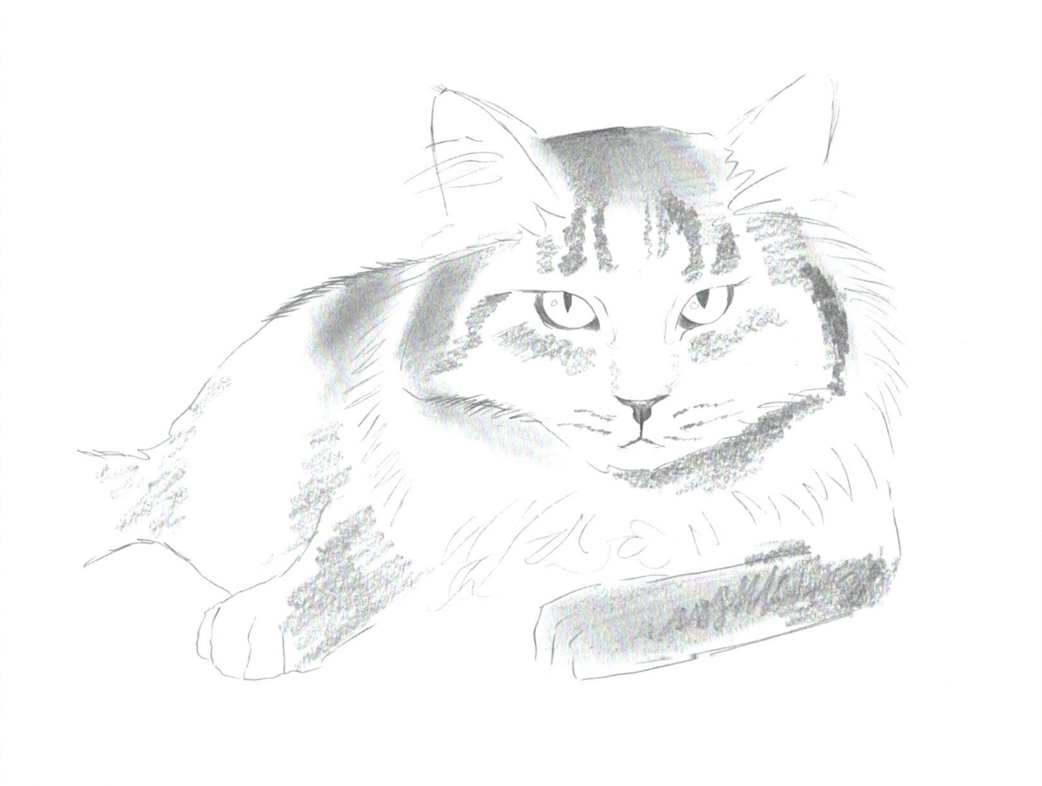

2. Schritt
Erste Schattierungen und Details im Gesicht werden angelegt.

Schritt 2

Nun legen Sie mit dem Bleistift HB großflächige Schattierungen auf dem Körper und den Beinen an. Drücken Sie den Stift dabei nur leicht auf das Papier, und halten Sie ihn im flachen Winkel, damit keine einzelnen Striche entstehen. Dann werden im Gesicht erste Tigermuster schattiert. Im Anschluss werden alle Schattierungen vorsichtig mit den Fingern verwischt. Achten Sie dabei darauf, einen sauberen, einheitlichen Ton zu erreichen und keine fleckigen Flächen entstehen zu lassen. Mit dem Bleistift HB zeichnen Sie jetzt nochmals über das Tigermuster im Gesicht, verwenden für das anschließende Verwischen aber einen Papierstift. Mit der Spitze von Papierstiften, die in unterschiedlichen Größen erhältlich sind, können Sie auch kleinste Flächen sauber verwischen.

Schritt 3

Schattieren Sie die obere Fläche des Kopfes und den Übergang zu den Ohren mit dem Bleistift fein aus, sie wird zur Außenlinie hin dunkler, zum Gesicht hin heller angelegt. Die Form der Augen wird mit dunkleren Flächen ausgearbeitet, die Lichtpunkte in der Iris lassen Sie weiß. Verstärken Sie die Nasenform mit kleinen Schattierungen und überarbeiten sie mit vielen kurzen Strichen, um eine Fellstruktur zu erzielen. Ebenso verfahren Sie mit den Mustern an der Stirn, unter den Augen und an den Wangen. Der Ansatz der Barthaare und das Kinn sowie der Mund werden ebenfalls mit kleinen, kurzen Strichen gezeichnet.
Für die feinen Härchen in den Ohren und den Barthaaren zeichnen Sie dünne, feine Linien ein. Drücken Sie nur leicht auf, damit die Linien keinen sichtbaren Ansatz bekommen. Der für die Norwegische Waldkatze typische Fellkragen wird mit einem stumpfen Bleistift HB unregelmäßig und wild ausgefüllt. Die Beine und ein kleiner Bereich links hinter dem Vorderbein werden mit einer weiteren Schattierung abgedunkelt. Zeichnen Sie dann die Außenlinien vorsichtig mit unterbrochenen Linien nach, sodass der Eindruck von einzelnen Härchen entsteht. Abschließend fixieren Sie das Bild sorgfältig, um ein Verwischen zu vermeiden.

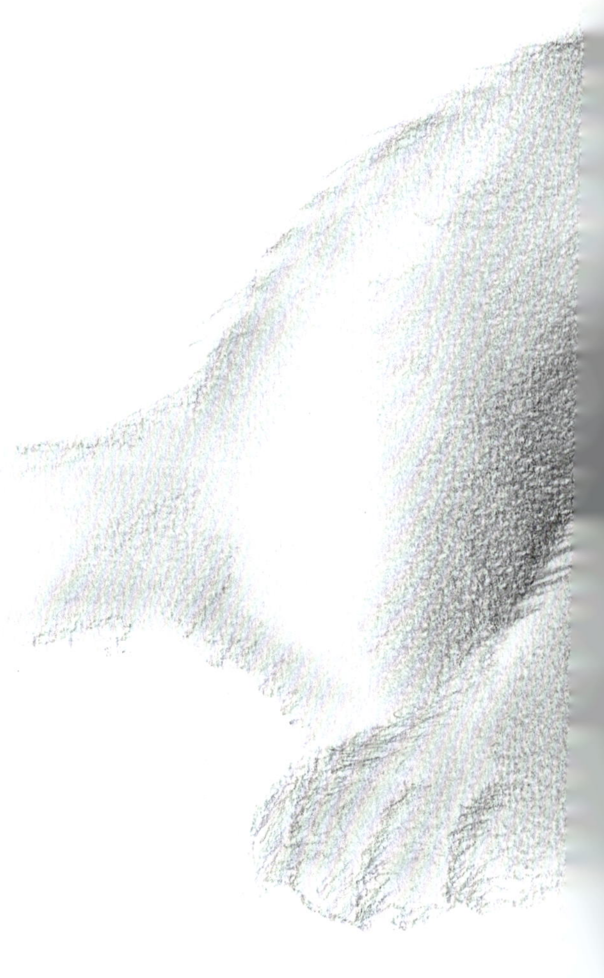

3. Schritt
Die Fellstruktur und das Gesicht werden mit feinen Schattierungen ausgearbeitet.

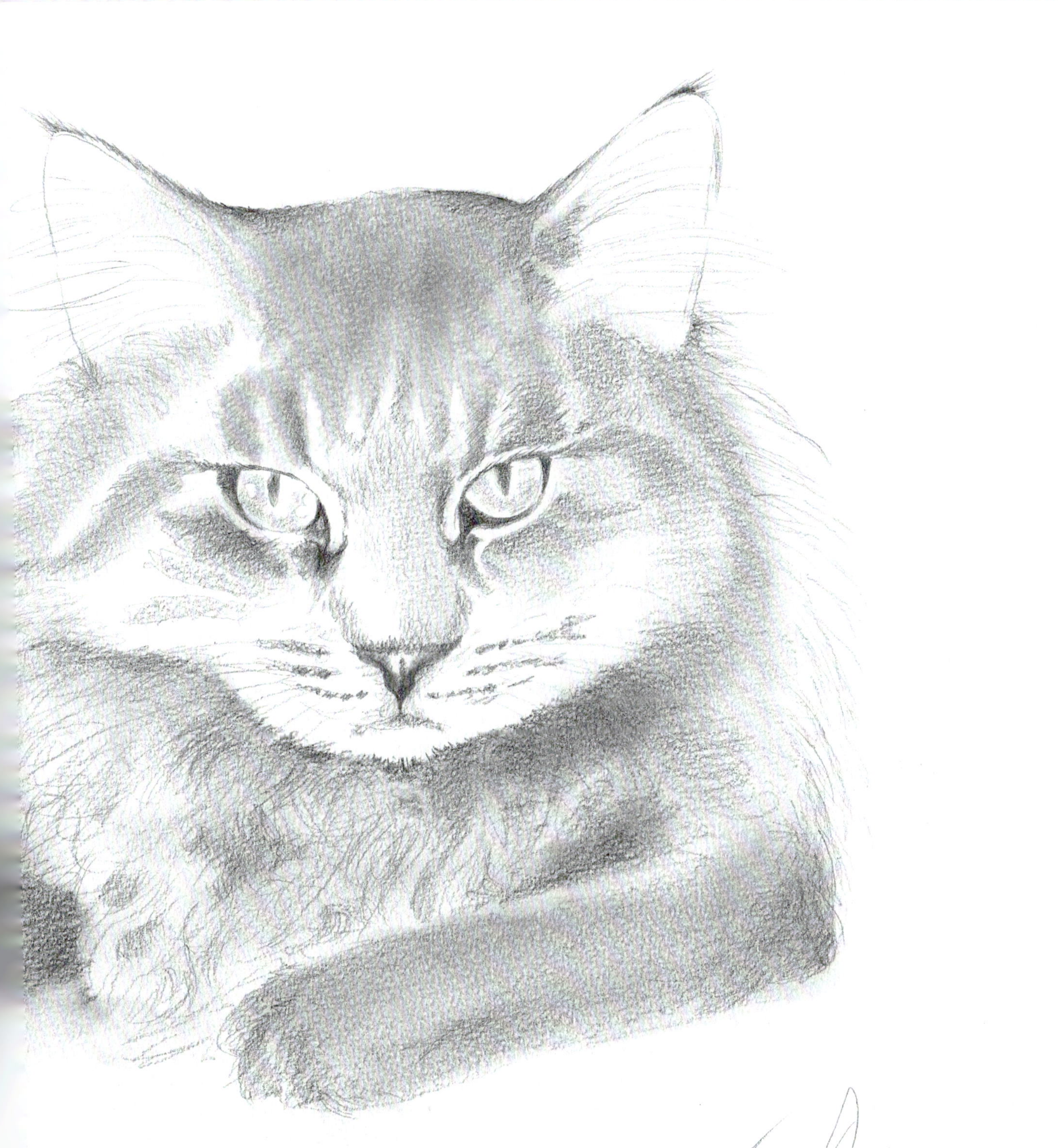

Bengalkatze, Rückenansicht

Material:

- *Zeichenpapier*
- *Bleistift, Härtegrad HB*
- *Pastellkreide in Charmois, Lichter Ocker, Gold Ocker, Ocker, Umbra hell und Schwarz*
- *Rötelstifte in Hell, Dunkel und Sepia*
- *Kreidestift in Weiß*
- *Kohlestift in Schwarz*
- *Papierwischer*
- *Anspitzer und Minenschärfer oder Teppichmesser*
- *Knet-Radiergummi, Radierstift*
- *Fixativspray*

Die Bengalkatze sticht deutlich durch ihr an einen Leoparden erinnerndes Fellmuster aus allen anderen Katzenrassen hervor. Ihr Kopf ist von runder Form mit großen, runden Augen, die über typische Lidstriche verfügen wie sie auch bei Großkatzen zu finden sind. Sie ist eine Züchtung aus der wilden asiatischen Leopardkatze und der Kurzhaar-Hauskatze. Ihr kurzes goldfarbenes Fell besitzt ein leopardenähnliches Muster, kann aber auch marmoriert sein. Auch ihren sportlichen Körperbau, der zwar kräftig, aber dennoch sehr schlank ist, verdankt sie ihren teils wilden Vorfahren. Diese spannende Katzenrasse ist von mittlerer Größe und wirkt ausgewachsen neben der Main Coon oder der Norwegischen Waldkatze eher klein.

Die Zeichentechnik für dieses Bild wird bei der Übung in Schrittfolge: Fellfarbe und Fellstruktur am Beispiel einer Bengalkatze auf Seite 26 und 27 sowie beim Motiv auf der folgenden Seite ausführlich beschrieben.

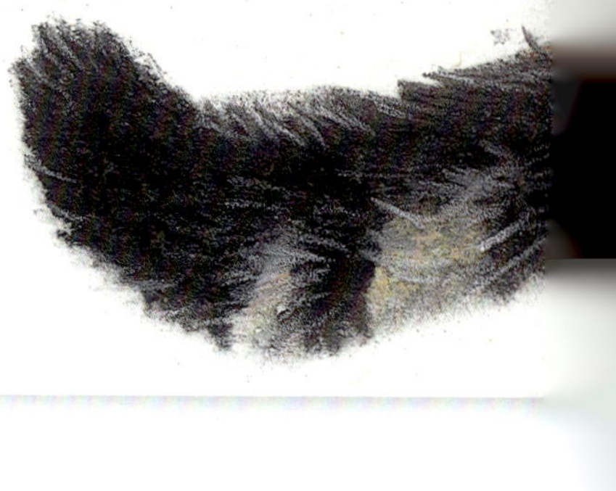

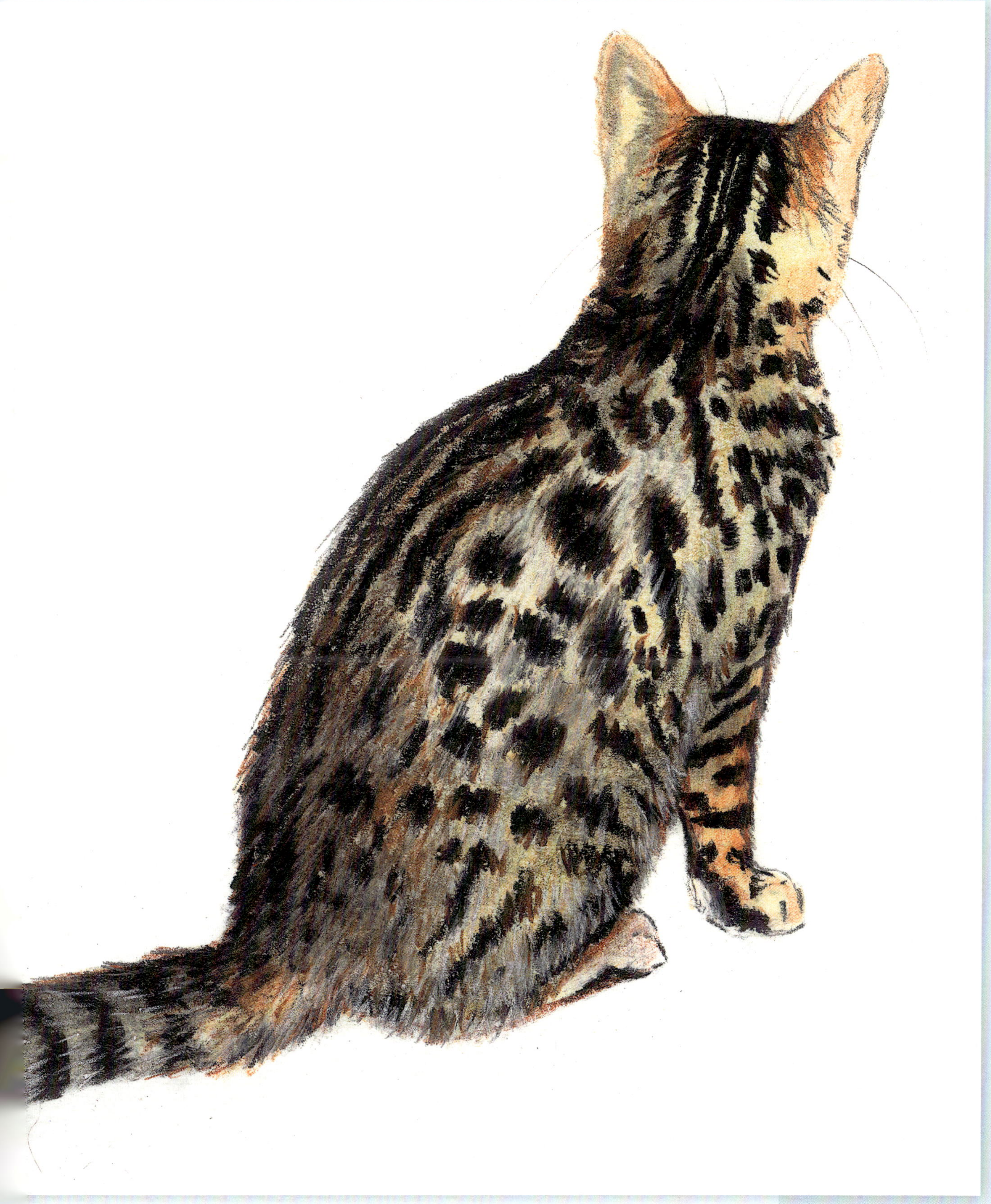

Übungsbild in Schrittfolge: Junge Bengalkatze

Material:
- *Zeichenpapier*
- *Bleistift, Härtegrad HB*
- *Pastellkreide in Charmois, Lichter Ocker, Gold Ocker, Ocker, Umbra hell und Schwarz*
- *Rötelstifte in Hell, Dunkel und Sepia*
- *Pastellstift in Weiß und Grau*
- *Kohlestift in Schwarz*
- *Papierwischer*
- *Anspitzer und Minenschärfer oder Teppichmesser*
- *Knet-Radiergummi, Radierstift*
- *Fixativspray*

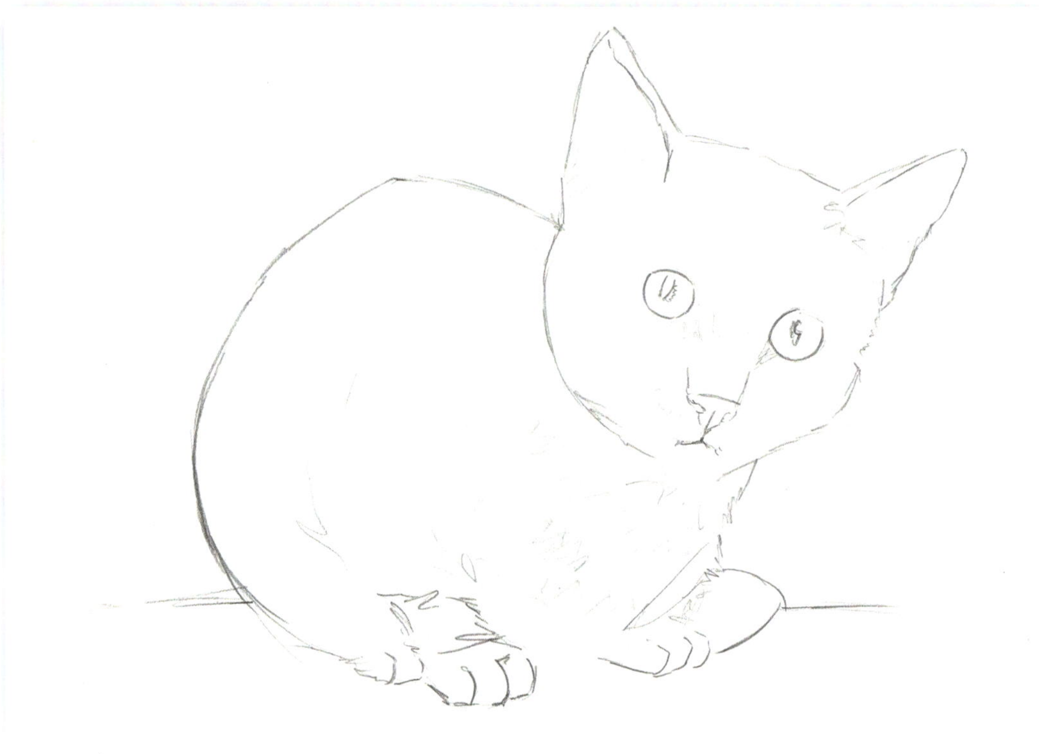

1. Schritt
Zeichnen Sie mit einem Bleistift die Umrisse der Katze behutsam vor und fahren Sie dann mit den Innenformen fort, beginnend mit den Augen.

Schritt 1

Zeichnen Sie zunächst die Umrisslinien der Katze vor. Am besten folgt dann die Vorzeichnung der Augen. Hierbei ist etwas Geschick gefragt, doch wenn die Augenpartie erst richtig sitzt, fällt alles Weitere viel leichter. Achten Sie immer auf die Abstände der Linien zueinander: Wie viel Platz ist zwischen den Augen? Wie weit ist das Augenlid von der Außenseite des Kopfes entfernt?

Zeichnen Sie, wenn Sie sich nicht sicher genug fühlen, die Umrisse zunächst nur schemenhaft vor. Üben Sie dazu beim Zeichnen nur mäßig Druck auf die Bleistiftmine aus, um gegebenenfalls Linien korrigieren zu können, indem Sie zwischendurch die Zeichnung immer wieder mit dem Knetgummi ausbessern. Es ist wichtig, dass nicht zu viele Bleistiftlinien sichtbar bleiben, da die Pastellkreide und die Rötelstifte an diesen Stellen nicht gut auf dem Papier haften, sodass später unter Umständen weiße oder graue Linien sichtbar bleiben. Zum Schluss sollten also nur noch hellgraue Bleistiftlinien, die zur Orientierung notwendig sind, vorhanden sein.

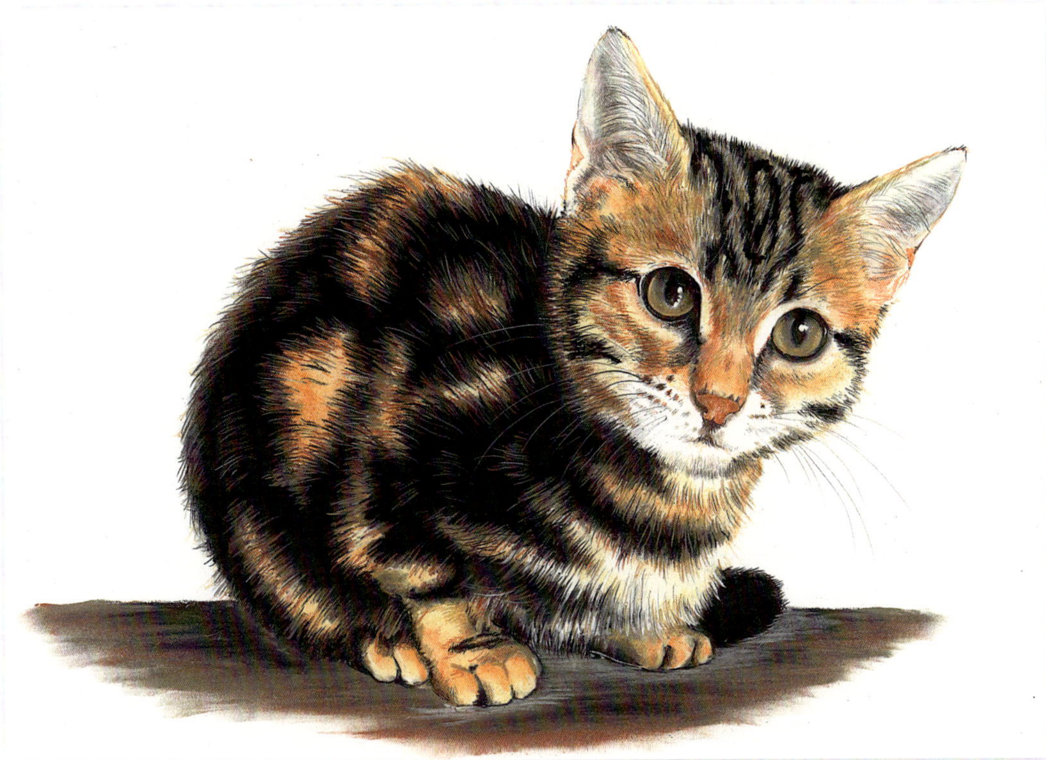

2. Schritt
Mit Rötel- und Pastellstiften in unterschiedlichen Farbtönen werden feine Härchen eingezeichnet. So entsteht eine komplexe Fellstruktur.

Schritt 2

Nun zeichnen Sie mit einem hellen Rötelstift die Linien etwas stärker nach. Ein untergelegtes Blatt verhindert, dass die aufgelegte Hand beim Zeichnen die zuvor aufgetragenen Linien verwischt. Beginnen Sie wieder damit, erst die Augenpartie auszuarbeiten. Dafür verwenden Sie zunächst einen hellen Rötelstift für die Ränder, dann einen grauen Pastellstift und einen schwarzen Kohlestift, um die Pupillen auszuarbeiten. Achten Sie auf die Lichtreflexionen im Auge der Katze. Beginnen Sie, das Fell auf der Nase und um die Augen mit den zwei hellsten Farbtönen auszufüllen (wie bei der Übung Fellfarbe und Fellstruktur, Seite 26f). Wenn Sie möchten, können Sie das Fellmuster vorher flächenweise mit dem hellen Rötelstift einzeichnen, was jedoch beim anschließenden Ausmalen mit Pastellkreide wieder teilweise verdeckt würde. Zur Orientierung kann es dennoch helfen.

Achten Sie dabei darauf, an welchen Stellen die Katze überwiegend helles Fell und an welchen sie dunkleres Fell hat. Dann verwischen Sie die Pastellkreide sorgfältig mit den Fingern und verwenden an detaillierteren Stellen einem Papierwischer. Ebenfalls wie bei der Übung Fellfarbe und Fellstruktur zeichnen Sie das Muster mit einer dunkleren Nuance grob ein.

Verwischen Sie den Farbauftrag wieder ein wenig mit den Fingern. Fixieren Sie nun das Bild mit einem Fixativspray und lassen es gut durchtrocknen, bevor Sie fortfahren!

Zeichnen Sie nun die Fellstruktur wieder mit den Rötel- und Pastellstiften ein. Die Fellstruktur wird mit feinen Strichen in Wuchsrichtung des Fells wiedergegeben. Die Ränder des Musters arbeiten Sie abwechselnd mit den angegebenen Stiften aus. So entstehen farbige Flächen mit fließenden Übergängen. In den helleren Bereichen arbeiten Sie mit mehr hellen Farbtönen, in die Sie allerdings vereinzelt dunklere und schwarze Härchen einzeichnen und umgekehrt. Abschließend fixieren Sie die Zeichnung.

Tipp
Mit einem Minenschärfer oder einem Teppichmesser lassen sich die Rötelstifte besonders fein spitzen, ohne dass der Stift durch das häufige Anspitzen schnell aufgebraucht ist.

Übungsbild in Schrittfolge: Maine Coon

Material:

- *Zeichenpapier, matt, 170 g/qm*
- *Bleistift, Härtegrade HB und 4B*
- *Knet-Radiergummi*
- *Anspitzer*

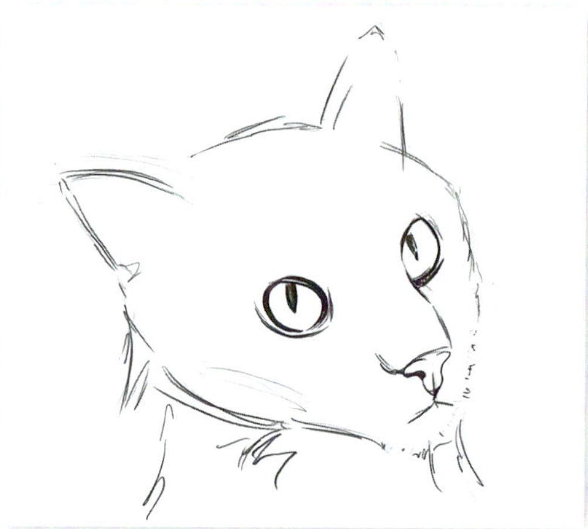

1. Schritt
Zeichnen Sie die Umrisse der Katze mit Bleistift vor und achten Sie dabei auf die Abstände der Linien zueinander.

Schritt 1

Skizzieren Sie zunächst mit hellgrauen Linien die Umrisse der Katze mit dem Bleistift HB. Achten Sie genau darauf, wie die jeweilige Linie, die Sie im Moment zeichnen, im Abstand zu einer anderen steht! Wenn Sie das bei dem gesamten Vorzeichnen berücksichtigen, erhalten Sie automatisch ein gutes Ergebnis.
Da die Augenpartie entscheidend ist für den Ausdruck der Katze, beginnen Sie die weitere Ausarbeitung mit diesem Bereich. Bessern Sie falls nötig die Linien mit dem Knetgummi aus und überarbeiten Sie damit zum Schluss vorsichtig die äußeren Grundlinien des Kopfes, so dass sie nur noch schemenhaft zur Orientierung für Sie sichtbar sind.

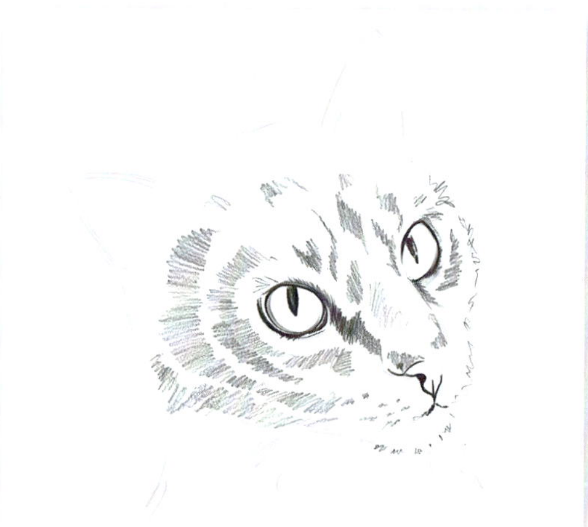

2. Schritt
Legen Sie die Schraffuren immer in Wuchsrichtung des Fells an und arbeiten Sie erste Details weiter aus.

Schritt 2

Mit dem Bleistift der Stärke 4B zeichnen Sie nun die ersten Fellpartien im Gesicht der Katze ein. Hierbei achten Sie darauf, in welche Richtung das Fell gewachsen ist, und legen eine weiche Schraffur an. Heben Sie dunklere Bereiche, wie z.B. am Augeninnenlid zur Nase hinunter, hervor. Verstärken Sie die Nase und das Kinn mit unterbrochenen, nicht durchgezogenen Linien und zeichnen Sie am Kinn der Katze bereits einige Härchen ein, um die Kontur aufzulockern.

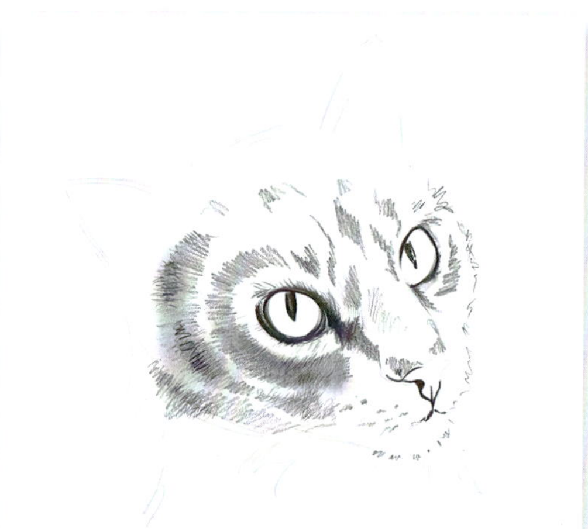

3. Schritt
Verwischen Sie die angelegte Schraffur vorsichtig mit dem Finger und reinigen Sie diesen zwischendurch immer wieder.

Schritt 3

Nun verwischen Sie die angelegte Schraffur vorsichtig etwas mit dem Finger. Achten Sie dabei darauf, die Zeichnung nicht zu verschmieren. Legen Sie dazu ein Blatt Papier zum Schutz auf die Zeichnung, und reinigen Sie zwischendurch immer wieder die Finger mit einem feuchten Tuch und trocknen sie anschließend gut ab.

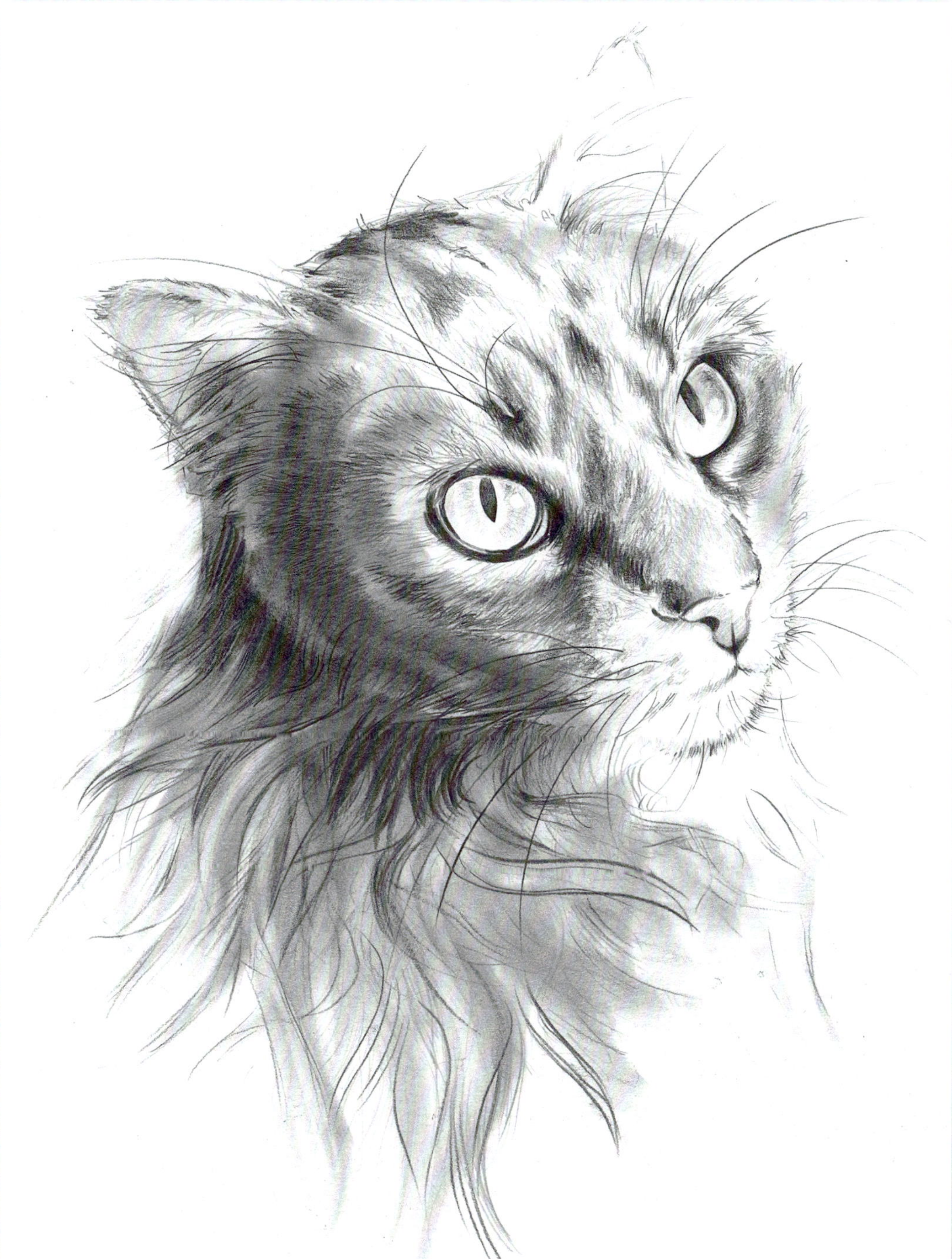

4. Schritt
Zeichnen Sie einzelne Haare gewölbt mit schwungvollen Linien in unterschiedliche Richtungen.

Schritt 4

Zeichnen Sie nun einzelne Haare mit weiteren Strichen in die verwischte Schraffur ein. Es entsteht eine schöne Fellstruktur, wenn die einzelnen Härchen leicht in unterschiedliche Richtungen gewölbt gezeichnet werden. Den Rand des Auges versehen Sie auch mit feinen Härchen, die Sie unregelmäßig vom Augenlid weg zeichnen. Das imposante Fell der Maine Coon kommt am besten zur Geltung, wenn es mit langen, schwungvollen Linien gezeichnet wird.

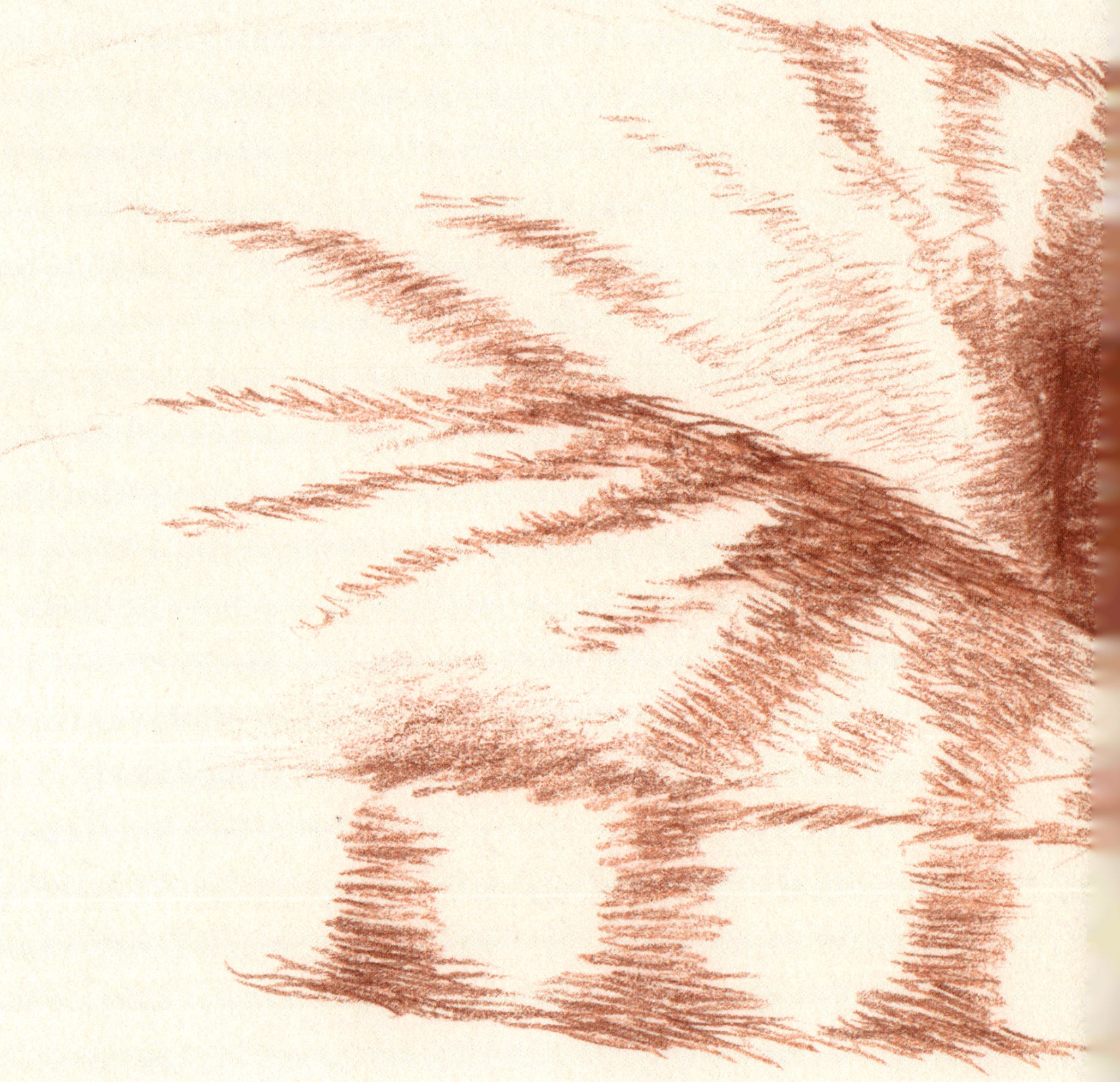